Zurück zum Glück

©Franziska Redner

Vorwort

„Du bist absolut rücksichtslos! Dreimal am Tag läufst du am Müll vorbei und denkst nicht eine Sekunde daran, diesen rauszubringen." – „Dir ist schon bewusst, dass mich momentan wichtigere Gedanken beschäftigen als dein blöder Müll?" Hierbei handelt es  sich nicht um ein erfundenes Beispiel. In einem Großteil der Partnerschaften sind Nörgeleien öfter an der Tagesordnung, als ein freundliches Wort. Traurig. Während meiner jahrzehntelangen Tätigkeit als Therapeutin habe ich den Kommunikationsstil zahlreicher Paare untersucht und erschreckend oft eine verletzende Wortwahl festgestellt. Eigentlich sollten Sie der Person, jene Sie lieben und mit der Sie Ihr Leben teilen, höchsten Respekt entgegenbringen. Viele Paare kommunizieren jedoch das genaue Gegenteil. Mit dem geliebten Partner wird häufig am lieblosesten umgegangen. Oftmals herrscht mit den Arbeitskollegen ein rücksichtsvollerer Umgang, als mit dem eigenen Partner. Im vorherigen Beispiel scheint ein derartiger

Wutausbruch aufgrund des Mülls völlig überzogen. Wäre er auch, sofern es tatsächlich lediglich um den Müll ginge. Die meisten Anfeindungen, welche oberflächlich betrachtet aufgrund von Nichtigkeiten entstehen, haben eine viel tiefgründigere Ursache. Die positive Nachricht vorweg: Wenn Paare einen achtsamen Umgang, sowie eine ehrliche, anderweitige Art der Kommunikation an den Tag legen, verbessert sich schlagartig deren Bindung zueinander. Es ist durchaus möglich - nein sogar dringend notwendig - auch negative Emotionen anzusprechen und dennoch keine negative Stimmung aufkommen zu lassen. Oftmals ist dem Partner gar nicht bewusst, dass dessen Verhalten verletzend war. Folgendes sollten Sie für eine vorteilhaftere Verständigung in Ihrer Beziehung beherzigen:

In einer gesunden Partnerschaft herrscht Gleichberechtigung. Niemand ist dem anderen über- oder gar untergeordnet.

Versuchen Sie als Paar gemeinsame Arbeiten partnerschaftlich anzutreten. Keiner kommandiert im Kasernenhofton. Das Erfolgsgeheimnis eines guten Miteinanders sind Formulierungen in Frageform: "Also, ich würde dann die Sachen wegräumen und wenn du dann noch saugen könntest, dann haben wir in zwei Stunden alles erledigt, nicht wahr?"

Eine faire und offene Verständigung ist in einer Partnerschaft mit das Wichtigste. Der Ursprung eines großen Streits ist meist die Summe vieler kleiner Unstimmigkeiten. Genau hier setzt die Paartherapie an. In meinem Lebenswerk "Zurück zum Glück - Beziehung retten durch richtige Kommunikation in der Partnerschaft" habe ich all meine Erfahrungen und Erkenntnisse aus tausenden Therapiesitzungen niedergeschrieben. Dieser Ratgeber begleitet Sie dabei Schritt für Schritt zurück zum Glück.

"Glück ist kein
Geschenk der Götter,
sondern die Frucht
innerer Einstellung."

Erich Fromm, (1900-1980)

Emotionale Selbstöffnung

U nter der Selbstöffnung ist das Mitteilen all Ihrer Emotionen und Gedanken, welche Sie aktuell beschäftigen, zu verstehen. Je häufiger sich beide Lebenspartner mit emotionaler Selbstöffnung begegnen, desto intensiver wird Nähe und Intimität zueinander verspürt.

Dies setzt voraus, dass großes Vertrauen zueinander herrscht. Gleichzeitig sollte das Klima in der Partnerschaft von Wohlwollen und dem Willen zur Veränderung gezeichnet sein. Grundvoraussetzung sind eine entsprechend positive Grundstimmung und die Bereitschaft beider Parteien, deren Emotionen kundzugeben. In diesem Zusammenhang offenbaren beide Lebensgefährten sich selbst und ihr Innenleben authentisch und stehen zu deren Bedürfnissen und gehegten Wünschen. Sollte es dem Paar gelingen, sich auf dieser Ebene miteinander zu verständigen, wird ein tragfähiges und solides Fundament für eine angenehme und erfüllte Beziehung geschaffen. Im Allgemeinen lassen sich zweierlei Arten von Selbstöffnung differenzieren. Hierbei wird zwischen der vorteilhaften und der negativen Selbstöffnung unterschieden. Bei der vorteilhaften Selbstöffnung werden angenehme Erlebnisse mitgeteilt, welche von positiven Emotionen geprägt sind. Erinnern Sie sich, wie aufgeregt Sie während dem ersten gemeinsamen Kuss waren?

Im Rahmen der negativen Selbstöffnung werden entsprechend unschöne Erlebnisse mitgeteilt, die durch Gefühle wie Trauer, Furcht, Ärger oder gar  Enttäuschung gekennzeichnet sind. Zusätzlich zur Unterscheidung zwischen der vorteilhaften und negativen Selbstöffnung wird explizit hinsichtlich des jeweiligen Ursprungs der Problematik unterschieden. Die Entstehung dieser Emotionen könnten sowohl innerhalb der Beziehung, als auch unabhängig von dieser entstanden sein. Bei der internen Selbstöffnung bezieht man sich auf Ereignisse, jene innerhalb der Partnerschaft geschehen sind beziehungsweise noch immer andauern. Die externe Selbstöffnung bezieht sich auf Geschehnisse, welche sich außerhalb der Beziehung ereignet haben.

Für eine Bindung ist es von immenser Wichtigkeit, dass sich beide Lebensgefährten auf jeglicher

Inhaltsebene miteinander austauschen und sich so gefühlsbedingt öffnen können. Selbstöffnung hat stets einen großen Einfluss darauf, ob in der Partnerschaft positive Gefühle von Vertrauen, Intimität und Nähe wachsen können.

1. Konflikte im Kern lösen

Meinungsverschiedenheiten sind aus einer Partnerschaft keineswegs wegzudenken. Ganz im Gegenteil: Sie bieten die Gelegenheit, Sachverhalte zu  klären und miteinander nach Problemlösungen zu suchen. Solange man hierbei respektvoll und fair zueinander ist, kann es sehr befreiend sein, dem Lebensgefährten die eigenen Ansichten schildern und so etwas Dampf ablassen zu können.

Sobald das Paar allerdings keine gemeinsame Lösung ausarbeiten kann, werden Konflikte schnell als frustrierend wahrgenommen. Dies ist der Fall, sofern beispielsweise ein Streit abgebrochen wurde oder man in Unverständnis und Ablehnung auseinandergeht. Gleichwohl frustrierend sind Konflikte, in denen keine zufriedenstellende Problemlösung gefunden werden konnte. Die größte Mühe in einem Disput stellen entgegen vielen Vermutungen nicht die Fakten dar.

Vielmehr sind es die damit einhergehenden Gefühle, welche die Situation verkomplizieren. Durch die emotionale Selbstöffnung kann zum eigentlichen Kern des Problems vorgestoßen werden. Dies setzt voraus, dass Sie sich anhand Ihrer Gefühle ausdrücken, sofern Sie ein Dilemma in Ihrer Partnerschaft vermeiden wollen. Zahnpastaspritzer auf dem Badezimmerspiegel oder ein stehengelassene Teller auf dem Wohnzimmertisch sind, rein objektiv betrachtet, kein emotionales Problem. Besagte banale Ereignisse können jedoch ein tiefgehenderes Problem verursachen, als man auf den ersten Blick vermuten mag. Der herumstehende Teller beziehungsweise die Zahnpastaspritzer werden zu Symbolen dafür, dass der Lebensgefährte die Anstrengungen des anderen keinesfalls wahrnimmt und demzufolge Wertschätzung vermissen lässt. Hierdurch erlangt das Problem eine in Gänze neue Qualität. Erst dann, wenn Sie gefühlsmäßig ergründen können, weshalb Sie eine bestimmte Verhaltensweise des Partners dermaßen hart trifft, sollte das eigentliche Problem an der Wurzel gepackt werden. Eventuell ist nicht der Teller das Problem, sondern eine ungerechte Verteilung des Haushalts, wodurch Sie sich unfair behandelt fühlen?

> **Sollten Nichtigkeiten zu größeren Streitigkeiten führen, konzentrieren Sie sich nicht auf Banalitäten. Ergründen Sie die dahinterstehende Emotion.**

2. Selbstöffnung Umsetzen

Gewiss kennen Sie eine derartige Konstellation: Sie spüren ganz konkret, dass Sie wegen irgendetwas verärgert sind. Es ist Ihnen allerdings ein Rätsel, woher dies rührt. Anhand der nachfolgenden Auflistung wird Ihnen dabei geholfen, in einem Konflikt genau den Punkt herauszufinden, welcher in Ihnen negative Emotionen hervorruft.

Schaffen Sie Distanz

Versuchen Sie, Ihre Emotionen vorerst im Griff zu halten und zum Ereignis zeitlich ein klein wenig Abstand zu gewinnen. Oftmals wird etwas Zeit benötigt, um die Wut abklingen zu lassen. Nur so sind Sie in der Lage, das Thema konkret und insbesondere sachlich mit Ihrem Partner zu besprechen.

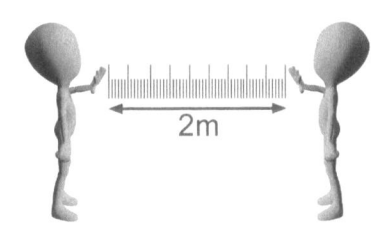

Erkunden Sie Ihre Emotionen

Hören Sie in sich hinein und stellen sich bewusst die Frage, welche Emotionen Sie empfinden. In bestimmten Situationen schreiben wir uns oftmals selbst vor, wie wir uns zu verhalten oder zu fühlen haben. In solchen Momenten ist es absolut unbedeutend, dass Sie gerade „eigentlich traurig" oder „eigentlich wütend" sein sollten. Jede Emotion hat ihre Daseinsberechtigung. Erst durch die Wertung von vermeintlich gesellschaftlichen Normen werden vorgegebene Emotionen als falsch angesehen. Unsinn! Jeder Mensch ist einzigartig - mit individuellen Wertevorstellungen und Gefühlen.

Teilen Sie Ihre Emotionen mit

Unabhängig davon, wie eng Ihre Beziehung zueinander ist - Ihr Lebensgefährte ist keinesfalls in der Lage, in Sie hineinzusehen. Nur sofern Sie Ihrem Partner Ihre Gefühle deutlich mitteilen, kann dieser sie auch verstehen. Hierbei sollte besonders beachtet werden, dass Sie Ihrem Lebensgefährten mitteilen, warum Sie sich in einer bestimmten Situation erbost, enttäuscht oder anderweitig fühlen.

Denken und reden Sie affirmativ

Viele Paare begehen den Fehler, dass Sie Ihre Partnerschaft einzig und allein als Abladeplatz für Konflikte „missbrauchen". Sofern man sich in einer Partnerschaft lediglich mit unangenehmen Begebenheiten auseinandersetzt, ist Ihrer Bindung unmittelbar ein negativer Beigeschmack verliehen. Sie sollten stets darauf achten, dass sich die Waagschale deutlich schwerer seitens der positiven Ereignisse befindet. Dies ist natürlich leichter gesagt als getan. Allerdings fallen selbst die kleinen, erfreulichen Geschehnisse des Alltags, welche Sie miteinander teilen, in die Waagschale.

Es sind unsere Emotionen, welche großen Einfluss auf die Qualität der Partnerschaft ausüben. Durch die emotionale Selbstöffnung teilen Sie Ihrem Partner aufrichtig Ihre tiefsten Gefühle mit. Dieser Umstand kommt durchaus nicht nur Ihrem Lebensgefährten zugute, sondern hilft insbesondere auch Ihnen selbst dabei, eine erfüllte und authentische Beziehung lieben und leben zu können.

"Die Liebe allein
versteht das
Geheimnis, andere zu
beschenken und dabei
selbst reich zu
werden."

-Clemens von Brentano-

Die 7 Säulen einer Beziehung

W enn Sie selbst in einer unglücklichen Beziehung oder Ehe leben, wird Ihnen schnell bewusst, dass Liebe allein auf keinen Fall genügt. Fehlendes Glück äußert sich anhand eines andauernden Gefühls des Mangels, sowie dem Wunsch nach einem Ausbruch oder einem Neuanfang. Im schlimmsten Fall nutzt der Partner einen Seitensprung, um sich die Bestätigung zu holen, die er so dringend ersucht.

In erster Linie sollte den Ursachen akuter und chronischer Beziehungskonflikte zugrunde gegangen werden, um im nächsten Schritt individuelle Lösungswege erarbeiten zu können. Dabei gilt im Allgemeinen: Ein sich noch liebendes Paar hat die besten Chancen, die Beziehung noch zu retten! Ist die Zuneigung hingegen gänzlich erloschen, bedeutet dies in der Regel verlorenen Respekt, eingeschlafene Kommunikation und ein nachhaltig zerrüttetes

Vertrauensverhältnis. Auf einer derart toxischen Grundbasis kann keine liebevolle Partnerschaft gedeihen. Sollten sich beide Lebensgefährten keine glückliche gemeinsame Zukunft mehr wünschen, geschweige denn vorstellen können, dann könnte selbst der beste Paartherapeut keinesfalls mehr dabei behilflich sein, die Liebe erneut aufblühen zu lassen. In solchen Fällen wäre eine einvernehmliche, faire Trennung beziehungsweise Scheidung die vernünftigste und sinnvollste Entscheidung - für beide Parteien.

Aber woran lässt sich erkennen, ob die Bindung zu meinem Partner auch wirklich zum Glück führt? Und wieso sollte ich mich das überhaupt fragen, sofern ich mich in meiner Partnerschaft vollkommen fühle?

Die University of North Carolina hat vor kurzem die Ergebnisse einer neuen Untersuchung präsentiert. Das Ziel der Untersuchung bestand darin, ein gewisses Muster gesunder Beziehungen zu erkennen. Das Team an Wissenschaftlern unter der Leitung von Sozialpsychologin Laura Kurtz hat 77 Paare, die im Mittelwert seit vier Jahren liiert sind und laut eigener Äußerung in einer glücklichen Beziehung leben, zu ihrer Geschichte befragt. Miteinander erzählten die Paare, wie sie sich kennengelernt haben und wie sie zusammengekommen sind. In diesem Zusammenhang wurden sie von den Forschern gefilmt.

1. Gemeinsames Lachen

Bei der Analyse der Videoaufnahmen zählte das Team von Experten unter anderem, wie oft ein Paar miteinander gelacht hatte und maß hierbei die Dauer des Lachens. Gemeinsames Lachen ist ein oftmals unterschätzter, äußerst bedeutender und seriöser Hinweis für eine glückliche Partnerschaft.

 Es stärkt das Gefühl der Liebe und Zusammengehörigkeit, sodass man schlussfolgern kann: Paare, die oft mit dem Lebensgefährten gemeinsam lachen, haben schönere Beziehungen als jene, bei denen gemeinsames Lachen selten vorkommt. Gemeinsames Lachen ist einer der wesentlichen Indikatoren für eine gute und gesunde Beziehung. Das ist gewiss keine neue Erkenntnis, aber sie konnte in der aktuellen Untersuchung einmal mehr bestätigt werden – ebenso wie die Tatsache, dass Zuneigung allein als Basis für dauerhaftes Glück zu zweit keinesfalls genügt. Zusätzlich zu dem Lachen konnten Laura Kurtz und ihr Team 6 zusätzliche Indikatoren identifizieren, die enorm viel bezüglich der Stabilität und Tragfähigkeit einer Beziehung verraten.

2. Wachstum der Liebe

Mit dem Beginn einer Beziehung bleibt die Liebe keineswegs am selben Punkt stehen. Liebe bedarf ständiger Arbeit. Dies sollte keineswegs als geplante Selbstoptimierung verstanden werden. Das gemeinsame Ziel ist es, durch die geteilte Liebe zu besseren Versionen unserer selbst heranzuwachsen. Was ich für meinen Lebensgefährten fühle und wie ich seine Liebe erlebe, könnte mich in nahezu jedem

Lebensbereich stärken, stabilisieren und verbessern. Ich traue mir also mehr zu und gehe Herausforderungen gelassener und selbstbewusster an. Im Gegensatz hierzu ist eine toxische Verhaltensweise, bei der sich die Lebensgefährten durch bösartiges Streiten gegenseitig anfälliger machen, kontraproduktiv und folglich geringer tragfähig. Dieses Ergebnis ist durchaus nicht neu: Liebe braucht Glauben und reichlich Raum. Durch Klammern und Zweifeln, Unsicherheit, Eifersucht und das dauernde Einfordern von Aufmerksamkeit und Bestätigung entstehen gewiss keine guten Wachstumsbedingungen – weder für die einzelnen Personen, noch für die gemeinsame Liebe und das Hochgefühl.

3. Liebe zum Detail

Viele Menschen sind der Auffassung, Liebe müsse ganz großes Kino bedeuten – wilde Leidenschaft, überwältigende Gefühle, dramatische Szenen und unerwartete Auftritte. An diesen meist drastisch überzogenen und unrealistischen Wünschen sind zu einem gewissen Teil die Medien, Kitschromane und Hollywood schuld. In den meisten Filmen und Serien wird Zuneigung auf eine Weise inszeniert, die sich in einem normalen Alltagstrott schlicht und ergreifend nicht aufrechterhalten lässt. Kein normaler Ehemann könnte seine Partnerin tagtäglich auf der Arbeit mit Rosen überraschen und zum romantischen Dinner ausführen. Genauso wie gewiss keine Frau jeden Tag das Bedürfnis verspürt, sich in aufreizenden Dessous zu präsentieren und ihrem Partner jeden Wunsch von den Augen abzulesen. Ein Ring im Dessert, Liebesschwüre auf den Knien, Rosenblüten auf allen Wegen und ein Filmteam für den Heiratsantrag auf Teneriffa: Wer derartige Erwartungen hat, wird automatisch enttäuscht werden.

Natürlich existieren Personen, die sich solche Inszenierungen leisten können. Zum Glück sagt die Art, in der wir Empfindungen ausdrücken und präsentieren, überhaupt nichts bezüglich deren Größe, Tiefe und Tragfähigkeit aus. Funktionierende Partnerschaften beruhen nach wie vor auf Vertrauen,

Loyalität und innerer Übereinstimmung – und diese äußern sich bereits in den kleinsten Details.

Von Glück erfüllte Paare erleben viele Momente, in denen sie sich vom Lebensgefährten besser als von allen anderen verstanden und geschätzt fühlen. Oftmals empfinden sie sich als Verschworene, die ein schönes Geheimnis teilen, zu dem die Außenwelt lediglich bedingt Zugang hat. Das stärkt auch die Überzeugung, gemeinsam jedes Hindernis beseitigen, die Welt erobern und für jeden Konflikt eine Lösung finden zu können.

4. Fair streiten

Selbst in den harmonischsten Partnerschaften wird hin und wieder gestritten. Der gravierende Unterschied liegt jedoch darin, dass es in einer glücklichen Beziehung auf keinen Fall darauf ankommt, aus einem Konflikt als Sieger hervorzugehen. Folglich muss sich keiner beim Streiten als Verlierer sehen und sich unterlegen fühlen, während der andere triumphiert und jubelt. Es muss keine Schuldfrage geklärt werden oder

mit dem Finger auf den Schuldigen gezeigt werden. Die Paare agieren mit dem Ziel, sich zu versöhnen. Es ist demnach essenziell, das Problem fair und ohne über den anderen zu richten zu beseitigen. Paare, die eine individuelle und konstruktive

Streitkultur entwickelt haben, gehen besser mit Konflikten um und können Probleme gelöst von Emotionen betrachten. Sie finden passende Lösungen, weil sie einander selbst während des Streitens keineswegs als Feinde betrachten. Hin und wieder gelangt man mit Vernunft am schnellsten zum Etappenziel, um sich anschließend wieder gemeinsam auf den Weg zu begeben.

Wichtig ist, dass auf jeden Streit eine Versöhnung folgt und das Paar sich keineswegs dauerhaft im Streit befindet. Flammt ein Konflikt durchweg erneut auf, handelt es sich um ein Indiz, dass das Paar diesbezüglich noch keineswegs die angemessene Lösung erarbeitet hat. Die Eheberatung und Paartherapie thematisiert häufig die Verständigung und eine gesunde Streitkultur. Ebendiese beiden Themen sind sehr eng miteinander verbunden: Je mehr und je offener sich die Lebensgefährten miteinander verständigen, desto erfolgreicher sind sie in jeglicher Hinsicht - auch bei der Lösung von Beziehungsproblemen.

5. Positive Emotionen überwiegen

Die meisten Menschen führen Listen im Kopf, welche sie in bestimmten Momenten abrufen, abgleichen und auswerten. Bei Partnern, die in einer gesunden Beziehung leben, überwiegen auf eben dieser

„Emotionsliste" positive Gefühle. Zum Spektrum der allgemeinen Klassiker wie Glaube, Liebe und Hoffnung gehören auf der "Emotionsliste" zudem Glück und Zufriedenheit, Sicherheit, Geborgenheit, Zustimmung, Bestätigung, Fülle, allgemeine Lebenslust und die Freude auf die gemeinsame Zukunft.

Überwiegen demgegenüber Zweifel, Ärger, mangelnde Empathie und Angst, so können tiefergehende Beziehungsprobleme die Ursache sein. Fragen Sie sich also einmal selbst: Welche Seite Ihrer Liste ist länger? Die, auf der Sie Flucht- und Trennungsgedanken notieren und ausschließlich sich selbst betrachten? Oder ist es die Seite, auf jener Sie sich das Leben mit Ihrem Partner vorstellen? Sie wissen, was Sie brauchen und was Sie zufrieden stellt. Sind Sie der Auffassung, dass Sie das Erreichen Ihrer Ziele mit Ihrem jetzigen Partner eher erreichen werden? Wenn Sie Ihre Listen im Kopf durchgehen, werden Sie hierfür deutliche Hinweise finden.

6. Sex mit Leib und Seele

Glückliche Paare wissen: Sex ist weitaus mehr als lediglich eine körperliche Vereinigung. Vielmehr ist es eine Verbindung zweier Seelen. Erotik und Sexualität sollten folglich keineswegs mit Leistungs- und Erfüllungsdruck in Verbindung stehen. Achten Sie stattdessen darauf, alle Gedanken auszublenden und sich voll und ganz dem Moment hinzugeben. Bringen Sie Nähe und innige Verbundenheit zum Ausdruck. Nur auf diese Weise ist es möglich, den Sex dauerhaft und angemessen in die Partnerschaft zu integrieren, ihn weder über- noch unterzubewerten. In längeren Beziehungen ist es normal, dass sich das Sexleben mit der Zeit verändern wird. Neue Wünsche, andere Bedürfnisse beziehungsweise ebenfalls längere Sexpausen müssen aus diesem Grund kein Anlass zur Beunruhigung sein.

 Sofern die Vertrauensbasis stimmt und Sie sich Ihrem Lebensgefährten weiterhin nah und verbunden fühlen, können Sie gelassen bleiben und abwarten. Häufig ist das sogar die perfekte Voraussetzung dafür, dass die Lust in Kürze wiederkommt und Sie Ihre Sexualität gemeinsam neu erkunden. Eine Beziehung sollte keineswegs zu stark anhand des rein Körperlichen definiert werden. Wer die Qualität von Sex an dessen Häufigkeit bemisst, läuft Gefahr, sich und seinen Partner unter Druck zu setzen. Abweichungen von der vermeintlichen Norm können so fälschlicherweise als persönliche Ablehnung gewertet werden. Auf diese Weise können sich Zweifel, Angstgefühle und Unsicherheiten festsetzen. Genau hier beginnt dann der Teufelskreis - nichts schadet der Lust mehr!

7. Veränderungen positiv betrachten

Veränderung ist die alleinige Konstante im Universum. Und was für den vollständigen Kosmos gilt, ist naturgemäß auch für zwischenmenschliche Beziehungen essenziell. Es ist in Ordnung, wenn Sie und Ihr Lebensgefährte sich verändern. Auf eines können Sie sich verlassen: Im Kern werden Sie sich nicht verändern. Es sollten bestenfalls Ihre Lebensumstände, Ihre Lebensphasen und Ihr Umgang mit sich selbst und der Welt variabel sein.

Charakter und Persönlichkeit entwickeln sich und wachsen mit der Zeit, gleichwohl wie gute Beziehungen. Selbige Entwicklung können Sie unter keinen Umständen verhindern, also begrüßen Sie Veränderungen und freuen Sie sich auf diese. Positives Denken und Gelassenheit sind hier nachweislich das Mittel der Wahl. Auf diese Weise können Sie sich auf unerwartete Begebenheiten freuen, anstatt diese zu fürchten. So bleiben Neugier, Lust und andere angenehme Impulse lebhaft und Sie können gemeinsam mit Ihrem Lebensgefährten einer aufregenden Zukunft entgegengehen.

"Liebe macht nicht blind. Der Liebende sieht nur weit mehr als da ist."

-Oliver Hassencamp-

Eifersucht

Eifersucht ist die Leidenschaft, die mit Eifer sucht, was Leiden schafft. Dieses bekannte Wortspiel trifft auf etliche verschiedene Momente und Phasen in einer Beziehung zu. Vor allem, wenn Eifersucht ein zentrales Element in der Partnerschaft ist, werden für den Partner rasch „Leiden geschaffen". Hierbei steht der Partner nicht nur der Beziehung, sondern auch sich selbst und seinem eigenen Glück im Wege und schränkt dieses enorm ein.

1. Ja, aber in Maßen

In gewissem Maße ist Eifersucht in einer Partnerschaft sicherlich normal und keineswegs destruktiv. Man merkt in jenen Situationen, wie wichtig der Lebensgefährte einem ist und der Partner fühlt sich gewiss geschmeichelt. Kritisch wird es allerdings dann, wenn Eifersucht das Denken eines Partners komplett in Beschlag nimmt. Übermäßige Eifersucht stellt durchaus eine große Belastung für eine Bindung dar. Im schlimmsten Fall kann diese sogar bis zur Trennung führen.

Eifersucht und Verlustangst sind eng miteinander verwoben. In der Eifersucht stecken stets große Selbstzweifel, wie auch der Wunsch nach weitreichender Zuneigung und gänzlicher Aufmerksamkeit durch den Partner. Eifersucht und Verlustängste sind vor allem zu beobachten, sofern ein Lebensgefährte sein Selbstbewusstsein vollkommen von seinem Partner abhängig macht; der eifersüchtige Mensch definiert sich und seinen individuellen Wert nahezu einzig und allein anhand seines Ehegatten beziehungsweise des Lebenspartners. Menschen, die sich angreifbarer machen, sich ihrer eigenen Stärken bewusst sind und an sich selbst glauben, haben weniger Verlustängste und sind folglich nicht so stark empfänglich für Eifersucht. Bereits in ihrer Kindheit haben sie gelernt, ihren eigenen Wert nicht danach zu bemessen, wie beliebt sie bei anderen Personen sind. Stark eifersüchtige Personen hingegen gieren förmlich nach der Bestätigung anderer Menschen und sind sich ihrer individuellen Stärken und Begabungen meist nicht im Klaren.

2. Sind Eifersucht und Liebe gleichzusetzen?

Empfindet einer der Lebensgefährten keinerlei Eifersucht, müsste man ihm – um eben diese Frage mit „Ja" zu beantworten - unterstellen, seinen

Lebensgefährten nicht aufrichtig zu lieben. Liebe ist allerdings eine positive Emotion, Eifersucht demgegenüber ein Sammelsurium aus pessimistischen Gefühlen. Einen Menschen zu lieben bedeutet, ihm Handlungsspielraum zu lassen, um sich entfalten und weiterzuentwickeln zu können. Eifersucht hingegen bewirkt das genaue Gegenteil: Der Lebensgefährte wird eingeengt und in seiner Freiheit beschnitten. Für eine Partnerschaft besagt diese Tatsache konkret, dass Vertrauen die Basis einer Bindung ist. Ohne Vertrauen wird langfristig keine Zuneigung überleben.

Eifersucht bedeutet letztlich stets, dass man den Lebensgefährten nach den eigenen Vorstellungen formen möchte. Damit man sich selbst keinesfalls schlecht fühlt, sollte er sich auf diese Weise verhalten, wie man es sich selber wünscht. Vorwiegend geht es somit darum, dass sich der eifersüchtige Partner selbst wohlfühlt. Lieben bedeutet, dass man beabsichtigt, dass es in erster Linie dem Partner gut geht. Die eigenen Wünsche und Vorstellungen sind hierbei keinesfalls primär. Nicht umsonst heißt es, dass Liebe aus sich selbst heraus lebt.

Am häufigsten sind Personen von Eifersucht belastet, die sich voll mit ihren besitzergreifenden Gefühlen identifizieren, ohne Selbstkritik, wie auch ein gewisses Maß an Reflexion an den Tag zu legen. Übersehen wird in diesem Zusammenhang gerne, dass jedweder „Besitz" in einer Partnerschaft lediglich eine Leihgabe auf Zeit ist, die man irgendwann zurückgeben muss. Die Herausforderung der Eifersucht sollte als

Gelegenheit der eigenen Reifung begriffen werden, die schlussendlich zu mehr Selbstvertrauen und Ich-Stärke führt. In gewisser Hinsicht lässt sich Eifersucht als Preis der Leidenschaft bezeichnen. Allerdings existiert sogar Liebe, so stark ist, dass sie Eifersucht nicht kennt. In solchen Partnerschaften ist Eifersucht gegenstandslos, oder allenfalls ein gelegentliches, pikantes Gewürz in deren Partnerschaft. Generell ist Eifersucht keineswegs krankhaft und muss folglich nicht panisch bekämpft werden. Eifersucht ist ohnehin kaum vollständig vermeidbar. Allerdings sollte sie niemals zu einem belastenden Dauerzustand werden, sondern stets nur die Vorstufe einer reifenden Liebe darstellen.

3. Das verletzte Vertrauen

Treue und Vertrauen haben denselben Ursprung. Ferner sind sie die Grundpfeiler jeder konstruktiven zwischenmenschlichen Bindung. Dies gilt insbesondere für Liebesbeziehungen und langfristig ausgelegte Partnerschaften. Eifersucht entwickelt sich gelegentlich als Reaktion auf einen tatsächlichen Treuebruch. Einige Menschen bringen sie jedoch von Beginn an mit in die Beziehung - selbst ohne konkreten Anlass sind sie eifersüchtig, weil es ihnen generell schwerfällt, zu vertrauen und an die Treue des Partners zu glauben.
Ein bisschen Eifersucht wird von den meisten als Zeichen der Zuneigung angesehen. Allerdings sollte

man hierbei immer im Hinterkopf behalten, dass die Eifersucht grundsätzlich ein Merkmal der Furcht ist – eine toxische Emotion sowohl für Freundschaft, als auch für die Liebe. Eifersucht ist schwer in den Griff zu bekommen und in der Regel eine Belastung für die Beziehung.

Auch „grundlose" Eifersucht hat Gründe

Viele Eifersüchtige leiden unter starken Verlustängsten und Zweifel, liebenswert und ansehnlich genug zu sein, um eine andere Person dauerhaft an sich zu binden. Sie vertrauen keineswegs auf ihre Einzigartigkeit und  wittern aufgrund dessen in jedem Geschlechtsgenossen einen potenziellen Konkurrenten. Auch die Entscheidungsfähigkeit des Partners wird infrage gestellt. Eifersüchtige Personen begleitet die stetige Angst, bei Vergleichen den Kürzeren zu ziehen. Ob Eifersucht im ererbten Charakter verwurzelt ist, sprich angeboren sein sollte, ist wissenschaftlich schwer zu klären. Klar ist hingegen, dass manche Menschen deutlich stärker zu Eifersucht neigen, wenngleich andere erst nach handfesten Vertrauensbrüchen eifersüchtig reagieren. Es ist auch nichts Neues, dass Eifersucht durchweg mit mangelndem Selbstwertgefühl und Selbstvertrauen verbunden ist. In aller Regel liegt der Ursprung hierfür in der Kindheit. Das können beispielsweise der Verlust einer Bezugsperson durch Scheidung, ein negativ erlebter Umzug, wie auch der plötzliche Tod eines geliebten Menschen sein. Faktoren wie häusliche Gewalt und eine auf Kontrolle und Überwachung basierende Erziehung spielen ebenfalls eine Rolle. Manchmal wird erst im Laufe einer Psychotherapie deutlich, welche frühen Erlebnisse beziehungsweise Erziehungsmethoden das Selbstgefühl und Urvertrauen nachhaltig geschädigt haben.

> **Untreue in der Partnerschaft begründet und nährt die Eifersucht.**

Treue definiert sich gewiss nicht lediglich anhand des sexuellen Bereiches. Allerdings ist dies meist der erste Gedanke, sobald von ehelicher beziehungsweise partnerschaftlicher Treue die Rede ist. Treue in einer dauerhaften Partnerschaft umfasst stets den gesamten Bereich der Loyalität und Solidarität: Jeder muss sich auf den jeweils anderen verlassen können. Es setzt äußere und mentale Beständigkeit voraus. Unfähigkeit, sowie der Unwillen eines oder gar beider Partner Absprachen zu befolgen, schädigen das Vertrauen zueinander. Wer sich betrogen, unfair behandelt oder gar enttäuscht fühlt, assoziiert dieses Verhalten unterbewusst mit dem Partner. Folglich werden stets zusätzliche Verletzungen und Brüche erwartet, wodurch die Gedanken von stetiger Angst begleitet werden. In seiner Eifersucht überwacht die betroffene Person folglich das Verhalten des Partners, glaubt dessen Worten gewiss nicht mehr bedingungslos und sucht aktiv nach möglichen Verdachtsmomenten. Misstrauen und Eifersucht, die aus einem realen Sachverhalt heraus entstanden sind, können ebenso schnell wie sie kamen auch wieder verschwinden, sofern beide Lebensgefährten zur Überwindung der Beziehungskrise entschlossen sind und es schaffen, das Grundvertrauen neu aufzubauen.

Eifersüchtige Personen neigen zu selbstquälerischem, melodramatischem Verhalten. Sie fürchten unschöne Überraschungen und vermuten heimliche Vorstellungen und Handlungen, die stets zu ihren Ungunsten sind. Eifersucht begünstigt genau die Art und Dramatik, die kein Mensch gern erlebt. Opfer sind in diesem Zusammenhang beide Partner: Wer andauernd mit der Eifersucht konfrontiert wird und sich ständig grundlos rechtfertigen muss, dem fällt es äußerst schwer, sich in der Beziehung auszuruhen und Geborgenheit zu empfinden. Krankhafte Eifersucht in der Ehe beziehungsweise Partnerschaft ist für beide Partner eine Folterqual, die mit der Zeit sämtliche schönen Momente vergiftet und letztlich zerstört. Lebenslust, Liebesfreuden und Spontanität verkümmern unter dieser Negativität. Folglich ist übermäßige Eifersucht das Ende jeder Vertrauensbeziehung, falls die Partner keinesfalls gemeinsam einen Weg hinaus erarbeiten. Dies bedeutet gleichwohl immense Arbeit an der eigenen Persönlichkeit. Fatalerweise reagieren treue Lebensgefährten, die kontinuierlich der Untreue bezichtigt werden, vergleichbar wie Menschen, die sich bei einem tatsächlichen Treuebruch ertappt fühlen. Sie stellen sich keinen komplizierten Verhören und ziehen sich ins Stillschweigen zurück. Handlungen werden nicht mehr argumentiert. Auch neigen sie häufig zu Heimlichkeiten, um sich und dem Partner Stress zu ersparen. Dies sorgt für zusätzliches Zweifeln, weitere Fluchtstrategien und ergebnislosen Auseinandersetzungen. Beide Partner geraten immer tiefer in diesen Teufelskreis der Abwärtsspirale, welcher sich nur durch intensive Auseinandersetzung ohne Anschuldigungen aufarbeiten lässt. Versuchen Sie im Gespräch stets den tiefen Kern des Verhaltens zu ergründen. Halten Sie sich immer vor Augen, dass Ihr Partner Sie liebt und keineswegs aus Boshaftigkeit auf diese Weise handelt.

Was du liebst, lass frei. Kommt es zurück, gehört es dir – für immer.

-Konfuzius-

Bindungsangst überwinden

indungsängste sind oftmals unbewusst und sollten gewiss nicht als Quelle von Beziehungsproblemen angesehen werden. Furcht vor Beziehung und Bindung kann weit zurückliegende Ursachen haben und des Öfteren können sich Betroffene selbst nicht ausleben, weshalb sie sich eingeengt fühlen und das Bedürfnis "zu flüchten" verspüren. Gelegentlich hat in der Beziehung ein Partner das Gefühl, dass sich der Lebensgefährte mehr und mehr von einem entfernt. Es scheint fast so, dass je mehr um sie beziehungsweise ihn geworben wird, desto mehr verschließt die Person sich. Hinzu kommt, dass ein Rückzug stets abrupt erfolgt. Meist geschieht dies in einem Moment, an jenem es eigentlich recht gut im gemeinschaftlichen Miteinander läuft. In der Regel resultieren genannte Situationen in ernsteren Gesprächen, etwa durch die Überlegung zusammenzuziehen oder die Beziehung anderweitig auf eine neue Stufe zu stellen.

Oftmals können sich die Betroffenen ihr Benehmen selbst keineswegs erklären, da der Ursprung auf einer tief verwurzelten Verletzung beruht. Jedes Gefühl der Nähe wird entweder von vornherein gemieden, oder aber nach einer kurzen Spanne innigen Wohlbefindens in der Zweisamkeit als Einengung und Begrenzung in der Selbstentfaltung empfunden. Es entwickelt sich ein Fluchtbedürfnis, dem der Betroffene nicht zu widerstehen vermag. Unsicherheit und mangelnde Stabilität in der Kindheit, traumatische Erlebnisse in der Jugend, sowie ein schwerer Schicksalsschlag im Erwachsenenalter können Ursache für eine Bindungsangst sein.

1. Ursachenklärung

Was zu Beginn einer noch recht jungen Beziehung ein spannendes "Nähe-Distanz-Spiel" darstellt, wird im Rahmen einer ernstzunehmenden Bindung zu einer emotionalen Belastungsprobe. Dieses Wechselspiel aus "hin zum Lebensgefährten" und "weg vom Lebensgefährten" reizt beide Parteien der Beziehung zu Läsionen und Gegenverletzungen, welche bis hin zu Rachegefühlen führen können, sofern nicht rechtzeitig entgegengewirkt wird.

Vorrangig ist man der Auffassung, dass insbesondere der "unbeteiligte" Partner unter der Bindungsangst des anderen leidet. In der Regel ist der Betroffene selbst enorm unzufrieden mit dieser eigens kreierten

Konstellation. Genaugenommen sehnt insbesondere er sich nach Nähe, ist jedoch nicht fähig diese zuzulassen, geschweige denn zu genießen. Häufig zieht sich der Mensch mit der Bindungsangst nicht aufgrund unzureichender Gefühle bezüglich des Partners zurück. In aller Regel geschieht dies aufgrund von tief verwurzelten Minderwertigkeitsgefühlen. Die nach außen zur Schau gestellte Selbstwahrnehmung wird nicht selten als Arroganz beziehungsweise starkes Selbstbewusstsein empfunden. In der Regel ist sogar das Gegenteil der Fall: "Ich bin nicht in der Lage dir zu bieten, was du verdienst!", "Ich bin keinesfalls gut genug für dich!" sind Beispiele für Vorstellungen, die aus einer gestörten Eltern-Kind-Beziehung herrühren können. In diesem Zusammenhang handelt es sich meist um unverarbeitete Gefühlsproblematiken aus der Kindheit. Situationen, in der die Eltern aus für das Kind irrationalen Gründen abweisend und abwehrend

reagierten. Das Unterbewusstsein versucht, dieses Auftreten temporär mittels einer Überbehütung zu kompensieren. Dies besagt keineswegs, dass sich die Eltern nicht um das Kind bemühten. Viel wahrscheinlicher ist, dass immense Sorgen der Mutter zu einer unbewussten Distanzsituation zwischen Mutter und Kind führten.

Das geistig mit jener Begebenheit überforderte Kind kann dieser emotionalen Belastung nicht standhalten und bezieht das Auftreten der Mutter auf sich - und entwickelt im tiefen Inneren eine Bindungsangst, die Bedürfnisse und Ansprüche des Gegenübers keinesfalls erfüllen zu können und weiterhin für das "Unglück anderer" verantwortlich zu sein.

Hinzu kommt das Gefühl der Hilflosigkeit, selbst durch Ablehnung oder erneut auftretende, gravierende Situationen verletzt zu werden. Die unverstandene Ablehnung des Gegenübers ist im Vorfeld angenommen, angesichts der vermeintlichen Tatsache, dass sie ja "generell irgendwann eintreten muss". Mit einer Art selbsterfüllenden Prophezeiung provoziert der Betroffene durch unbewusste Reaktionsweisen (regelmäßig vom Lebensgefährten unverstandene Rückzieher, schroffes und abweisendes Verhalten) die Ablehnung bereits im Vorfeld nahezu heraus. Auch extreme Trennungssituationen, wie etwa der Tod geliebter Menschen, die plötzliche Trennung von Familienmitgliedern und vergleichbare Erlebnisse in unverarbeiteter Emotionalität können eben diese Unzulänglichkeit und ein herabgesetztes Selbstwertgefühl hervorrufen. Mit dem Ziel, derartig verletzende Ablehnung zu vermeiden, zieht sich der Betroffene selbst zurück, ehe der Anderweitige vermeintlich auf diese Art und Weise reagieren wird. Somit bemüht sich das Unterbewusstsein, sich weniger verletzlich zu machen. Ein Trugschluss.

2. Angst vor Nähe = Angst vor Verlust

Unter Bindungsangst und Bindungsunfähigkeit leiden viele Betroffene selbst am meisten, da sie der Erfüllung ihrer Träume im Wege stehen. In bereits bestehenden Beziehungen haben es beide Partner schwer, falls einer von ihnen die Nähe nicht als beglückend, sondern als bedrohlich empfindet und demnach immer fluchtbereit ist. Viele Personen mit Bindungsangst blicken schon in frühem Alter auf eine Reihe abgebrochener und zerbrochener Beziehungen zurück, für deren Scheitern sie sich selbst die Schuld geben.

Ob in der Tat eine Bindungsangst im psychologischen Sinne vorliegt, ist in der Regel keineswegs per Augenmerk zu identifizieren. Mögliche Ursachen  können in früheren Beziehungen liegen, die besonders freudlos verlaufen sind, oder in denen der Betroffene stark verletzt beziehungsweise enttäuscht wurde. Das sogenannte Urvertrauen entwickelt sich während der ersten beiden Lebensjahre. Es umfasst ein grundsätzliches Selbstbewusstsein, Weltvertrauen, Lebensvertrauen und Vertrauen in andere Menschen. Folglich ist dieses essenziell für eine positive Gesamteinstellung. Mit dem Ziel, dass das Urvertrauen sich gesund entwickelt, brauchen junge Menschen sowohl Geborgenheit, als auch klare Grenzen. Zu wenig Nähe ist gleichermaßen schädlich, wie zu viel davon. Vernachlässigte Kinder leben in ständiger Angst vor Verlust. Eine gestörte Eltern-Kind-Beziehung kann viele Ursachen haben. Mitunter können Überforderung, Zeit- und Geldmangel, viele Streitereien, häufige Ortswechsel, Gewalt- und Suchthintergründe hierfür auslösend sein.

Wer als Kind keine beziehungsweise nur bedingt Nähe erfahren hat, tut sich schwer mit der Entwicklung eines gesunden Selbstwertgefühls und Selbstvertrauens. Auch im Erwachsenendasein verweilt die immer gleiche Furcht, von anderen verlassen, enttäuscht, übersehen, wie auch zurückgewiesen zu werden. Häufig ist sie so tief im Unterbewusstsein vergraben, dass der Zusammenhang mit den Erlebnissen der Kindheit keineswegs in Betracht gezogen wird. Überbehütung erschwert das Sammeln eigener Erfahrungswerte und die Entfaltung der Persönlichkeit. Die Allgegenwärtigkeit einer besorgten, kontrollierenden und regulierenden Bezugsperson vermittelt dem Kind den Anschein, alleine keineswegs überlebensfähig zu sein. Das Lösen solch einer übermäßigen Bindung kann durchaus ein enorm schmerzhafter Akt sein. Allerdings ist dies der einzige Weg zur Autonomie und Unabhängigkeit. Ein als Kind überbehüteter Erwachsener könnte eine Bindungsangst entwickeln, weil er den Verlust seiner nun so schmerzhaft erlangten Selbstständigkeit fürchtet. Durch die ständige Nähe in einer festen Bindung sieht er seine Unabhängigkeit aufs Neue bedroht.

Oftmals sind es die Partner eines bindungsgestörten beziehungsweise bindungsunwilligen Menschens, die den Anstoß zu einer Paartherapie geben. Etliche Betroffene sind durch das ablehnende Verhalten des Partners verwirrt, traurig und ratlos. Sie verspüren eine gewisse Hilflosigkeit, da sie sich ihre anhaltenden beziehungsweise generell wiederkehrenden Beziehungsprobleme keineswegs erklären können.

„Das Geheimnis des Glücks liegt nicht im Besitz, sondern im Geben. Wer andere glücklich macht, wird glücklich. "

-André Gide-

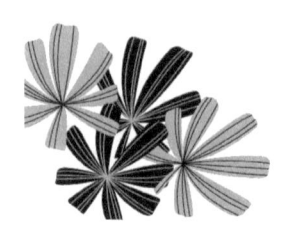

Aufrichtiges Zuhören

Die meisten Paare gehen leider erst dann ihre Beziehungsprobleme aktiv an, wenn sich die Partnerschaft bereits kurz vor der Trennung befindet. Trennungsgedanken werden vorwiegend dadurch angestoßen, dass die vielen Konflikte ein Gefühl der Erschöpfung verursachen. Wer mit seinen Nerven und der eigenen Geduld am Ende ist und meint, all sein Pulver bereits verschossen und dennoch keine nennenswerte Änderung erreicht zu haben, denkt automatisch eines Tages an Flucht. Oftmals fällt dieser Schritt jedoch enorm schwer – insbesondere, sofern man den Partner noch liebt und sich eigentlich auf keinen Fall trennen möchte.

Personen in problematischen Beziehungen empfinden den Mangel an Mitgefühl, Wertschätzung und Akzeptanz häufig als Hauptproblem. Dieses Defizit äußert sich primär anhand fehlender beziehungsweise unbefriedigender Verständigung. Vorwiegend wird die Schuld hierfür ausschließlich dem Partner zugeschrieben, wodurch ein sachliches Gespräch zusätzlich erschwert wird.

Gegenseitige Schuldzuweisungen sind immer der falsche Weg, da hierdurch die Annahme von Kritik nahezu unmöglich wird. Folglich wird auch keine Veränderung des verletzenden Verhaltens stattfinden. Wer beabsichtigt, seinem Lebensgefährten in Zukunft richtig zuzuhören und dessen Beweggründe zu verstehen, darf die eigene Mitschuld nicht bereits zu Beginn ausschließen. Jede einseitige Betrachtungsweise stellt eine Blockade beim Lösen von Kommunikations- und Paarproblemen dar. Des Weiteren ist es in aller Regel deutlich einfacher, das eigene Auftreten zu ändern, als das einer weiteren Person.

Unser Hörvermögen ist das einzige Sinnesorgan, welches ausnahmslos wachsam ist. Im Gegensatz zu den Augen sind die Ohren selbst während der Nachtruhe aktiv. Das sprichwörtliche und viel beklagte

„Weghören" ist also ein Benehmen, das der Natur dieses Sinnesorgans widerspricht und daher im Gehirn angeeignet und trainiert werden muss. Äußerungen wie „Mein Partner hört mir nie korrekt zu" oder „Du verstehst mich nicht" sind wichtig, weil sie auf Belastungen und ungelöste, aber aller Voraussicht nach lösbare Probleme hinweisen. Andererseits ist ein solcher Vorwurf äußerst anschuldigend und wenig zielführend. Konkrete Richtungs- beziehungsweise Handlungsvorschläge fehlen ebenso wie Aussichten auf Erfolg.

Stellen Sie sich folgende Fragen:

- ➢ Was konkret soll mein Lebensgefährte verstehen?
- ➢ Was möchte ich ausdrücken und wieso ist es auch für meinen Partner von Vorteil, dies zu verstehen?
- ➢ Welche Veränderungen könnten zur Lösung beitragen?

Werden Sie konkret, sofern Sie verstanden werden möchten. Sprechen Sie Ihren Lebensgefährten direkt mit Namen an und sprechen erst dann weiter, sobald Sie dessen volle Aufmerksamkeit haben. Es existieren einige Kommunikationstechniken, die ein gespanntes Zuhören nahezu automatisch resultieren.

1. Bilder und Metaphern verwenden

Bildhafter Ausdruck ist konkret. Diese Art der Kommunikation schaltet das Kopfkino an, erweckt Erinnerungen und persönliche Assoziationen. Womöglich hat Ihnen Ihr Partner einmal von einem Geschehnis erzählt, bei jenem dieser sich selbst unverstanden, ausgeschlossen oder gar unfair behandelt fühlte. Ihr Partner wird aufmerksam zuhören und Sie besser verstehen, wenn Sie anstelle von „Du verstehst mich nicht" etwas sagen wie „Ich fühle mich durch dieses Handeln so, wie du damals, als ..."

Bilder und Metaphern appellieren an die Emotionalität und in hohem Maße an das Mitgefühl. Viele gehören praktisch zum Allgemeingut, ohne dass dieser Umstand deren Wirksamkeit mindert. Jede Person sollte aus der eigenen Lebenskenntnis heraus alte Metaphern mit Bildern füllen, wie auch neue kreieren. Wie würden Sie den Umstand beschreiben, sollte Ihr Lebensgefährte Ihnen nicht richtig zuhören, unaufmerksam sein und Sie falsch verstehen? Als stünden Sie vor einer verschlossenen Tür? Kämpften gegen Windmühlen? Als verhungerten Sie vor einem gedeckten Nachbartisch? Eventuell fällt Ihnen auch ein Vergleich ein, der Ihre Emotionen noch stärker verdeutlicht? Erzählen Sie Ihrem Lebensgefährten von Ihren Empfindungen und lassen Sie ihn teilhaben, damit er mit Ihnen fühlen kann, anstelle sich gegen abstrakte Vorwürfe wehren beziehungsweise vor ihnen fliehen zu müssen.

Aller Voraussicht nach erhoffen Sie sich von Ihrem Lebensgefährten keinesfalls nur Mitgefühl und Empathie, sondern in gewissen Situationen ein bestimmtes Benehmen. Überlegen Sie sich vorher, wie das konkret aussehen soll. Es muss etwas sein, das Ihr Partner selbst umsetzen sollte, von dem Sie unmittelbar ein klein wenig haben, für das Sie ihn gleichzeitig bestätigen und loben können. Dies könnte ebenfalls anhand einer imposanten Metapher geschehen.

Falls Sie Ihren Lebensgefährten noch nicht lange kennen beziehungsweise bisher wenig Routine mit bildhaftem Kommunizieren haben, nehmen Sie sich vor dem Wortwechsel ein wenig Zeit. Überlegen Sie, was Sie zu erreichen beabsichtigen und wie dies Ihrem Lebensgefährten nahegebracht werden könnte.

2. Sinn und Zweck ergründen

Menschen kommunizieren, um verstanden zu werden. Soweit so logisch. Allerdings geschieht dies auch, um seinem Ärger Ausdruck zu verleihen, sich selbst aus einer anderen Perspektive zu sehen und manchmal schlichtweg aus dem Grund, dass eine Unterhaltung Freude bereitet. Selbst für das Zuhören sind die Beweggründe unterschiedlich. Wir hören zu, um über Fakten, sowie aktuelle Geschehnisse informiert zu werden. Mit dem Ziel, Abwägungen und Emotionen zu teilen. Jede Person hat ein Rede- und Zuhörbedürfnis. Dies ist jedoch gewiss nicht bei jedem Menschen im selben Maße ausgeprägt.

Sofern Sie sich wünschen, Ihr Lebensgefährte möge ein bestimmtes Verhalten unterlassen, überlegen Sie, was dieser stattdessen tun könnte. Fragen Sie ihn, welche weiteren Optionen er selbst sieht. Verbote und Verurteilungen sind unter keinen Umständen brauchbare Handlungsanweisungen. Nehmen Sie es hin, wenn Ihr Lebensgefährte im Gespräch und im Zuhören anders handelt, als Sie es tun. Bewerten Sie die Inhalte und Ergebnisse der Kommunikation, bevor Sie deren Art und Weise und eventuelle Gründe kritisieren. Trauen Sie sich selbst und einander wieder mehr zu.

3. Selbst richtig zuhören

Menschen, jene sich chronisch unverstanden fühlen und bei der Kommunikation mit dem Lebensgefährten selten auf Ihre Kosten kommen, präferieren oftmals zur Ungeduld, sowie zu resignativem Auftreten in Unterhaltungen. Zum einen fordern Sie ein Mehr an Achtsamkeit und Mitgefühl. Auf der anderen Seite trauen Sie dem Lebensgefährten in solch einem Bereich jedoch kaum noch etwas zu beziehungsweise haben innerlich bereits aufgegeben. Lassen Sie Ihren Lebensgefährten zu Wort kommen und unterbrechen Sie ihn nicht. Selbst wenn Sie glauben, bereits konkret zu wissen, was er als nächstes äußern wird. Einer Person ins Wort zu fallen ist eine äußerst negative Eigenschaft. Im Zuge dessen geben Sie dem Gesprächspartner zu verstehen, dass es eine Zeitverschwendung darstellt, ihm zuzuhören. Solch eine Reaktion mag im Zorn nachvollziehbar sein, konstruktiv oder adäquat ist sie jedoch keinesfalls. Etliche Paare gehen mit der Zeit immer geiziger mit deren Redezeit um. Mehr Raum und Gelegenheiten für vertraute und intensive Gespräche sind der Schlüssel zur Lösung.

„Wenn man Liebe nicht bedingungslos geben und nehmen kann, ist es keine Liebe, sondern ein Handel."

-Emma Goldman-

Hypersensibilität in der Partnerschaft

ochsensible Menschen nehmen sich und ihre Umwelt überdurchschnittlich intensiv wahr. Sie reagieren stärker auf innere und äußere Reize. Ihr feines Gespür für andere Lebewesen, Situationen, Entwicklungen und Zusammenhänge prägt ebenfalls ihr Benehmen in Partnerschaften.

Im Allgemeinen kann Hochsensibilität als Bereicherung angesehen werden. Hochsensibel zu sein kann jedoch auch zu Problemen führen. Den meisten Hypersensiblen wird bereits in jungen Jahren bewusst, dass sie nicht der Norm entsprechen. Vielen fällt es schwer, ihre überreiche und ab und an überfordernde Sinneswelt mit den Anforderungen der Leistungsgesellschaft beziehungsweise den üblichen Routinen in Einklang zu bringen. In der Beziehung wird es vor allem dann kompliziert, sobald der Lebensgefährte zu den sachlich nüchternen, pragmatischen Charakteren gehört. Dieser kann sich durch die gesteigerte Empfindsamkeit des Partners nämlich schnell überfordert fühlen. Entsprechend der Situation kann dies als unangebrachte Übertreibung, Zickigkeit oder gar als Mimosenhaftigkeit abgetan werden.

Selbst die Bindung zweier hochsensibler Menschen kann ein gewisses Konfliktpotenzial mit sich führen. So fällt es vielen Betroffenen schwer, bei Auseinandersetzungen die Sach- und Emotionsebene zu trennen beziehungsweise ersichtliche Entscheidungen zu treffen. Die überwiegende Anzahl der Hypersensiblen verfügt über ein starkes Gerechtigkeitsgefühl und eine erhöhte Bereitschaft, auf ihre Intuition zu hören. Genau diese Eigenschaften können es erschweren, sich zu positionieren und abzugrenzen, Prioritäten zu setzen und ersichtliche Entscheidungen zu treffen. Gleichwohl trifft dies keinesfalls auf jeden zu, der hochsensibel ist. Generell lässt sich an diesem Punkt wenig verallgemeinern, da Hypersensibilität stets etwas Persönliches und Individuelles ist. In welchen Bereichen und inwieweit die Sensibilität von der Norm abweicht und wie diejenige im Zuge dessen damit umgehen, ist von Person zu Person verschieden. Ziel einer solchen Partnerschaft ist es tendenziell, mit der eigenen Hochsensibilität und/oder der des Partners besser zurechtzukommen, sie zu verstehen, hinzunehmen und sich folglich auszusöhnen. Ausschließlich auf einer derartigen Grundlage kann Hypersensibilität dauerhaft als Bereicherung empfunden und in einem positiven Sinne ausgelebt werden.

Das Phänomen der Hypersensitivität ist bereits lange bekannt und seit geraumer Zeit sogar wissenschaftlich analysiert. Forscher unterschiedlicher Fachrichtungen, unter anderem Psychologen und Neurowissenschaftler, versuchen die Ursache für eine derart gesteigerte Wahrnehmung zu ergründen. Mittlerweile existiert ein eigener Forschungszweig, der sich mit diesem spannenden Themenbereich beschäftigt – die High-Sensitivity-Forschung, kurz HS-Forschung. Die Psychologin Elaine Aron hat einen Fragebogentest

 entwickelt, welchen in der Zwischenzeit ebenfalls andere Psychologen anwenden, um die Richtung der Hypersensibilität genauer bestimmen zu können.

Ihre Fragen umschließen drei Hauptkomponenten der Hypersensibilität: die ästhetische Sensitivität, die Reizempfindlichkeit und die Überforderung anhand verschiedener Reize. Erste Komponente deckt viele erfolgversprechende Aspekte der Hypersensitivität ab, da sie im weitesten Sinne für die Aufgeschlossenheit und Empfindsamkeit gegenüber Reizen und Praxiserfahrungen, wie auch die außergewöhnlichen Begabungen der Hochsensiblen steht. Die beiden anderen Auslegungen befassen sich mit eher nachteiligen beziehungsweise riskanten Aspekten, die unter Umständen zu Unsicherheit, Ängsten, Wut, Unzufriedenheit bis hin zu neurotischem Benehmen führen können.

Nach Elaine Aron werden angeborene Wesensmerkmale, etwa der Grad an Sensibilität, des Öfteren vernachlässigt, wenn es darum geht, das Gelingen beziehungsweise Scheitern einer Partnerschaft zu verstehen. Ihren Fragenkatalog durchzugehen und die Fragen für sich, sowie gemeinsam mit dem Lebensgefährten zu beantworten, kann durchaus zu einem Aha-Erlebnis führen. Wissenschaftlich ist jener Test jedoch nicht, da er ausschließlich subjektive Eigenwahrnehmungen abfragt. Als hochsensibel gelten demnach Personen, deren gefühlte Belastungsgrenzen laut eigener Äußerung in besonders vielen Situationen des gewöhnlichen Lebens überschritten werden. Ausgewertet wird nach einem sehr einfachen Konzept: Wer rund die Hälfte der Fragen oder mehr mit „zutreffend" beantwortet, ist aller Wahrscheinlichkeit nach eine hochsensible Person. Nach derzeitigen Vermutungen handelt es sich bei Hochsensibilität um ein angeborenes Wesensmerkmal, dessen Ursprung jedoch bisher nicht bestimmt werden konnte.

Auch wenn sich Hochsensibilität meist bereits im frühen Kindesalter zeigt, ist es zu solch einem Zeitpunkt kaum möglich, hier Angeborenes klar von Erworbenem und Erlerntem zu trennen. Eindeutige oder allgemein verlässliche Hinweise auf die Vererbung von Hochsensibilität existieren bislang nicht, obwohl die HS-Forschung heute zu jener Annahme tendiert.

In welchem Umfang die Wahrnehmung, das Denken und Empfinden vom Durchschnitt abweichen, ist von außen praktisch nicht festzustellen. Merklich erkennbar sind lediglich Teilaspekte, die auf eine allgemein erhöhte Sensibilität hinweisen können, jedoch keineswegs müssen. Hierzu zählen etwa ein besonderes Gespür für die Emotionalität und Stimmungen anderer Personen. Eine erhöhte Empathie kann ebenso gegenüber Tieren verspürt werden.

Selbst angeborene, stark ausgeprägte und deutlich erkennbare Begabungen benötigen Zeit, Raum zur Entfaltung und ein wohlwollendes Umfeld. Ziel ist es, sich zu entwickeln, die Persönlichkeit weiter auszubauen und zu voller Blüte zu gelangen. Werden diese Belange nicht ausreichend anerkannt und gefördert, können sie verdrängt werden, wodurch diese nahezu verkümmern. Dies steht oftmals im Zusammenhang mit leidvollen Konsequenzen für die Betroffenen, die sich im schlimmsten Fall jahrelang unverstanden, unvollständig und von vielem überfordert fühlen. Eltern, jene ihr Kind als zart besaitetes „Sensibelchen" in die sprichwörtliche Watte packen, fördern damit keineswegs dessen Begabungen. Im schlimmsten Fall wird das Kind daraus einzig und allein erlernen, sich selbst stets als schwächer und verletzlicher als dessen Mitmenschen anzusehen. Die Definitionen und Terminologien in diesem Bereich sind sehr uneinheitlich. Wie viel Sensibilität ist normal? Gibt es Unterschiede zwischen

Hochsensibilität, Hypersensitivität und Überempfindlichkeit? Oder sind dies lediglich diverse Namen für ein vielseitiges und schwer einzugrenzendes Mysterium? Und welchen Nutzen haben eben diese Begrifflichkeiten? Schlussendlich wissen oder fühlen die Betroffenen selbst am deutlichsten, wie und wo konkret sie nicht ganz der Norm entsprechen. Dies klar zu erkennen und nach außen zu kommunizieren erfordert ein hohes Maß an sprachlicher Ausdrucksfähigkeit und setzt sowohl Vertrauen, als auch die grundsätzliche Offenheit und das Mitgefühl des Partners voraus.

Anhand von Daten und Fakten im medizinischen, klinischen Sinne lässt sich Hypersensitivität nicht diagnostizieren. Zwar existieren zahlreiche Methoden, mit dem Ziel, das menschliche Sensorium bezüglich seiner Funktionen beziehungsweise eventueller Dysfunktionen hin zu kontrollieren - das Mysterium Hypersensibilität bleibt jedoch bestehen. Es entzieht sich der entsprechenden Diagnostik aufgrund der Eigenschaft, dass es sich weder am Nervensystem, noch an den Sinnesorganen feststellen lässt. Das Erkennen von Hypersensibilität fällt eher in das Segment der Psychologie. Fokussiert werden hierbei vor allem die anschließenden Faktoren:

1. Sinneseindrücke

Hypersensible Menschen nehmen die Welt in aller Regel sehr intensiv, vielseitig und allumfassend wahr. Mehrfach haben sie eindeutige Sinneseindrücke von Menschen, bestimmten Umgebungen beziehungsweise Dingen, die anderen Personen keineswegs auffallen – obwohl keine der Sinnesorgane bei Standardtestungen überdurchschnittlich abschneiden. Es ist aus diesem Grund enorm wahrscheinlich, dass die Wahrnehmungsschwelle niedriger zu sein scheint. Dieser Umstand könnte auch so gewertet werden, dass eine höhere Aufnahmefähigkeit für Sinnesreize gegeben ist. Hierdurch bestünde ein unmittelbarer Zusammenhang mit der daraus resultierenden inneren Verwertung und Verarbeitung der erhaltenen Informationen. Viel zu fühlen, zu denken, mitzubekommen und mitzunehmen ist gewiss eine Quelle der Freude und erweitert das Leben, sowie die Beziehung. Die Entfaltung betrifft jedoch leider keineswegs nur die Sonnenseiten des Gefühlsspektrums. Hypersensitivität kann durchaus auch äußerst anstrengend sein. Zu ihren möglichen Benachteiligungen zählen etwa gefühlte Reizüberflutung, Übererregbarkeit, sowie äußere und innere Unruhe.

Ein zusätzliches Risiko ist die Anmaßung beziehungsweise Überbewertung der eigenen Fähigkeiten. Sie kann zur vorschnellen Beurteilung von

Menschen, Situationen beziehungsweise Entwicklungen führen. Wer der Auffassung ist, aufgrund der eigenen hohen Sensibilität die Handlungen, Äußerungen und Bedürfnisse seines Partners stets bereits im Voraus zu kennen und bewerten zu können, ist dem Partner gegenüber sehr voreingenommen. Das Bild ist keinesfalls komplett, sofern die tatsächliche Reaktion nicht mit einbezogen und gleichwohl ernst genommen wird. Zudem resultieren Vorverurteilungen in aller Regel in destruktivem Kommunikationsverhalten, etwa dem Unterbrechen des Partners, Ungeduld beim Zuhören, abfälligen Äußerungen, sowie genereller Ablehnung.

Hochsensible Personen sollten lernen, ihre Emotionen distanziert zu betrachten. Sie benötigen innere und äußere Rückzugsorte, um zwischendurch wieder zur Ausgewogenheit zurückzukehren und all die Eindrücke zu verarbeiten, einzuordnen und zu relativieren. Dies betrifft nicht nur die Beziehung, sondern das gesamte Lebensumfeld, sprich Freundschaften, Beruf, Freizeit und Familienleben. Schlussendlich gehört das Meistern und Anwenden von Rückzugsorten zur Selbstverantwortung der Hochsensiblen.

2. Intuition

Die Intuition in Worte zu fassen fällt ungemein schwer, obwohl sich nahezu jeder ein wenig darunter vorstellen kann. Abhängig vom Naturell, persönlichen Erfahrungswerten und derzeitiger Situation sollte das Bauchgefühl beziehungsweise die Intuition ein Gefühl der Sicherheit oder aber der Verunsicherung überliefern. Für viele Personen stellt sie einen Sicherheitsanker dar, auf jenen sich, insbesondere in schwierigen Lagen, gerne verlassen wird. Die Intuition kann als innere Stimme verstanden werden, welche Empfehlungshinweise gibt, wenn Schulwissen und Erfahrungswerte nicht weiterhelfen. Manche Personen verspüren Intuition vor allem als Last. Bei zu geringem Optimismus gepaart mit zahlreichen negativen Praxiserfahrungen führt dies bis hin zur vollständigen Isolation, Handlungsunfähigkeit und der Empfindung, in Gänze verloren zu sein.

Ein korrekter Umgang mit dem individuellen Gespür und dem des Partners lässt sich erlernen. Hierfür existieren jedoch keinerlei erkennbaren Richtlinien. Die Intuition ist äußerst vielschichtig und weder positiv, noch negativ. Sie unterstützt den Jäger, dessen Beute zu erlegen. Gleichzeitig hilft sie dem Gejagten beim Entkommen. Ob Intuition als Gabe, oder doch eher als Fluch empfunden wird, hängt in hohem Maße davon ab, wie viel Vertrauen man ihr entgegenbringt.

3. Feingespür

Hochsensible Personen zeichnen sich meist durch eine hervorragende Beobachtungsgabe, hohe Ansprüche an die eigene Leistung, sowie einem sensiblen Gespür für unauffällige Einzelheiten aus. Hochsensible Menschen haben aufgrund dessen eine besondere Begabung für Angelegenheiten, bei denen es auf Präzision, Feinjustierung, ausführliche Abwägung, Menschenkenntnis und geduldige, konsequente Umsetzung ankommt. Zur „negativen Seite" des Feingefühls zählen dagegen Perfektionismus, Uneinsichtigkeit und etliche weitere Eigenschaften und Reaktionsweisen, die potenziell selbstschädigend sein können

In Partnerschaften ist Fingerspitzengefühl grundsätzlich begrüßenswert. Häufig werden Probleme erörtert, die aus einem „Umkippen" des Feingefühls resultieren – etwa überzogene Ansprüche und Erwartungen an sich selbst und den Lebensgefährten, einen Hang zum Nörgeln, zur Rechthaberei, sowie zum schnellen Schmollen und Beleidigtsein. Ebenfalls zu den Schattenseiten des Feingefühls zählt die Überforderung, welche sich hieraus entwickelt, sofern eine hochsensible Person eben solches zu nah an sich herankommen lässt. Diese Menschen fungieren in der Partnerschaft, im Freundes- und Familienkreis regelrecht als Anlaufstelle für alle Probleme. Sei es, weil sie so gut zuhören, oder aber

Empfehlungshinweise geben können, angesichts der Tatsache, dass sie besonders mitfühlend sind und gut verstehen, was andere bewegt. Viele Hypersensible, die das Zuhören, Mitgefühl empfinden und Rat geben als Berufung empfinden, stellen ihre Gabe so zum Dienste anderer Personen, etwa als Psychologe, Persönlichkeitscoach oder Seelsorger. Hingabe und Fürsorge können jedoch auch beschwerlich sein und durchaus zur Belastung werden, sofern die nötige Distanz beziehungsweise Fähigkeit zur Abgrenzung hierbei nicht rechtzeitig angeeignet wurde. Wer sich hinsichtlich der eigenen hohen Sensibilität die Sorgen, Probleme und Wünsche von anderen Personen prägnant zu eigen macht, läuft Gefahr, sie irgendwann höher einzuordnen, als die persönlichen. Auf diese Weise lassen sie sich selbst außer Acht und die eigenen Emotionen erhalten kaum bis keinerlei Beachtung.

4. Vernetzte Gedankengänge

Ein zusätzliches Anzeichen für Hypersensitivität ist die Begabung des strukturierten Denkens. Hypersensible Personen sind überwiegend kontextspezifisch und gut darin, Paradigmen und Zusammenhänge, etwa den zwischen Quelle und Auswirkung, zu identifizieren. Bei all der Grübelei ist es jedoch von enormer Bedeutung, dem Partner aufrichtig zuzuhören und nicht halbherzig in Gedanken abzuschweifen. Selbst während des Nachdenkens ist es von enormer Bedeutung, pausieren und loslassen zu können. Den korrekten Moment hierfür zu erkennen, gehört ebenfalls zur Kontextsensitivität, aber bei solch einem Disput können Hypersensible oft noch einiges dazulernen. Eine Unmenge von Faktoren in einen Gedankenprozess einzubeziehen, erhöht auch das Wagnis, ein klein wenig Zentrales darin zu verlieren – etwa das eigentliche Begehren, den Bezug zum Lebensgefährten oder die Aufmerksamkeit eines Zuhörers. In guter Gesellschaft ist es ein Vergnügen, auf kluge, feinsinnige Art und Weise vom Hölzchen aufs Stöckchen zu kommen, sich in die vielen Arme der Brillanz zu werfen und in Überraschung und Erkenntnis zu schwelgen. Während der Nacht um halb fünf, allein mit Liebeskummer, Beziehungsstress oder einer fortwährenden Ehekrise kann diese Eigenschaft als weniger erfreulich empfunden werden. Wer lernt, seine überwältigenden Gedankengänge besser zu navigieren, etwa zu fokussieren, umzuleiten und gegebenenfalls zu unterbrechen, könnte sich und dem Partner in jeglicher Lebenslage viel Stress ersparen.

5. Kreativität

Hochsensible bringen reichlich kreatives Potenzial mit. Hierbei muss es sich keineswegs um eine Hochbegabung handeln. Jegliche schöpferische

Begabung benötigt stets mindestens ein Ventil. Sie muss ausgelebt werden und Früchte tragen dürfen. Innovationskraft könnte sich auf viele Arten äußern.

 Die meisten Menschen, welche von Kunstwerken wie Musik, Bildern und Literatur nachhaltig berührt werden, sind selbst in der Lage, derartige Kunst zu kreieren. Individuelle Kreativität sollte ebenfalls in der Lage dazu sein, gut durchdachte und extravagante Problemlösungen auszuarbeiten und vorhandene Systeme zu optimieren. Auch die Fähigkeit, weit über den Tellerrand hinauszublicken, den täglichen Trott durchdacht zu organisieren und dafür Sorge zu tragen, dass es in Beziehung und Beruf nie monoton wird, ist eine Form der Innovationskraft.

Zu den lebendigen Impulsen der Kreativen zählen Neugier, Spieltrieb, Herzblut und die grundlegende Euphorie an all jenem, das wächst und sich verändert. Um die Lust am Meistern und Gestalten in vollen Zügen ausleben zu können, wird ein gewisses Maß an Mut vorausgesetzt. Zwar gibt es Kreative, welche erst unter Druck ihr volles Potenzial entfalten, aber die überwiegende Anzahl an Personen fühlt sich durch zu straffe Vorgaben, Zeitspannen und ähnliches eher eingeengt. Des Weiteren reagieren viele Hypersensible außergewöhnlich stark auf Lichteinwirkungen, Geräuschpegel, Hektik und anderweitig stressige Außenreize. Sie benötigen dementsprechend ein kreativitätsförderndes Arbeits- und Wohnumfeld neben

Orten, an jenen sie sich inmitten der Arbeitsphasen ausruhen, sammeln und mit neuer Inspiration auftanken können.

6. Können Partner unterschiedlichen Sensibilitätsgrades miteinander harmonieren?

Die Beantwortung vorangegangener Frage ist recht unkompliziert: Verschiedenheiten im Grade der Sensibilität können in einer Partnerschaft zu Streitigkeiten führen. Dies sollte jedoch keineswegs die Norm darstellen. Zwei Menschen, jene sich aus tiefstem Herzen lieben, können sich mit den meisten Verschiedenheiten arrangieren. Unter Umständen werden diese sogar als Anreicherung der Beziehung wertgeschätzt. Wer selbst hochsensibel ist, einen hochsensiblen Partner hat oder beides der Fall sein sollte, kann sich unterdessen stets vor Augen führen, dass Hypersensibilität weder eine Erkrankung oder Störung, noch ein Privileg im Sinne eines Geburtsrechts ist. Um die Situation für alle Parteien zufriedenstellend zu lösen, gilt es einhergehenden Fähigkeiten hinreichend Raum zuzuschreiben und sich ebenfalls mit deren negativen Aspekten bestmöglich zu arrangieren. Durch eine derartige Handhabe erlangen Hochsensible ihr Gleichgewicht zwischen Innen und Außen und können das Glück, in einer Welt gänzlicher Wunder zu leben, voll auskosten.

"Ein Tropfen Liebe ist mehr als ein Ozean Verstand."

-Blaise Pascal-

Kompromisse - um jeden Preis?

Von Natur aus sehnt sich jede Person nach einer aufrichtigen und stimmigen Bindung mit einem Lebensgefährten. Jeder Mensch zeichnet sich anhand individueller Vorstellungen und Begehren aus, auf deren Erfüllung er nur schwer verzichten kann. Wenn sich ebendiese Begehren und Bedürfnisse keineswegs mit denen des Partners decken, entsteht ohne weiteres Zutun eine Konfliktsituation. Des einen größter Wunsch kann für den anderen eine sehr unschöne Vorstellung bedeuten. Um es zu ermöglichen, dass beide Partner ein ausgewogenes Leben gemeinsam führen können, ohne auf ihre Bedürfnisse zu verzichten, sind Konventionen unverzichtbar. Hierbei sollte inmitten der partnerschaftlichen Stufe und der Beziehungsebene unterteilt werden:

Die partnerschaftliche Stufe betrifft beispielsweise gemeinsame Angelegenheiten, wie etwa den Hausmüll entsorgen, Kochen, den Frühjahrsputz und ähnliches. Allesamt Arbeiten, die auch ein Single bewerkstelligen muss. In diesem Zusammenhang ist das Erarbeiten von Kompromissen denkbar unkompliziert. Einer der Partner erledigt den Hausputz, während der andere für die Essenszubereitung zuständig ist. Eine völlig andere Herausforderung stellt hingegen die Beziehungsebene dar. Jene betrifft sexuelle Punkte gleichermaßen wie den Austausch von Zärtlichkeiten, sowie Fragen rund um die Erziehung der gemeinsamen Kinder. Hier fällt das Schließen von Kompromissen deutlich schwerer. Einige Paartherapeuten vertreten sogar die Anschauung, dass auf der Liebesebene gewiss keine Kompromisse möglich seien, da Zuneigung keinesfalls verhandelbar ist. Es fällt jedoch nicht immer leicht festzustellen, auf welcher Ebene gestritten wird. Hinter dem Streit bezüglich des Hausmülls könnte deutlich mehr stecken. Ausschlaggebend könnte beispielsweise das Gefühl sein, missachtet zu werden.

Das Schwierige an jedem Kompromiss in einer Beziehung besteht darin, den filigranen Unterschied zwischen einem Arrangement und einer radikalen Wandlung korrekt zu unterscheiden. Ein Kompromiss darf keinesfalls mit Resignation verwechselt werden, denn jenes könnte einer Beziehung auf Dauer durchaus schaden. Der betroffene Partner wird in solch einem Sachverhalt stets weniger von der Beziehung profitieren können, was schlussendlich bis zu einer Depression führen kann. Unterwirft man sich den Wünschen des Lebensgefährten in Gänze, werden auf lange Sicht beide Lebenspartner freudlos. Eine Bindung lebt keineswegs nur von gewissen Auseinandersetzungen und Streitereien, sondern muss durch ein vernünftiges Gleichgewicht zwischen Nehmen und Geben gezeichnet sein.

Beide Lebensgefährten werden nur so lange Befriedigung in der Beziehung verspüren, solange sich beide wohlfühlen können. Insbesondere sobald die erste Verliebtheit vergangen ist und sich eine langjährige Beziehung anbahnt, sind Kompromisse unverzichtbar. Bekanntlich ist Liebe rigoros, Partnerschaft sollte allerdings von Entgegenkommen gezeichnet sein. Gewiss bedeutet dieser Umstand in der einen oder anderen Situation für beide Partner eine gewisse Hürde, sofern sich aus Liebe eine nachhaltige Partnerschaft entfalten sollte. Konventionen sind im Zusammensein von Personen stets unabdingbar. Wenig anders verhält es sich in einer Partnerschaft, die von gegenseitigem Respekt und Zuneigung gekennzeichnet sein sollte. Besonders gut vergleichen lässt sich ein Kompromiss mit dem Spalten eines Kuchens: Beide Personen sollten hierbei das Gefühl haben, nach dem Anschneiden ein gutes Kuchenstück "ergattert" zu haben. Ebenso verhält es sich mit dem Erarbeiten von Vereinbarungen: Beide Lebensgefährten sollten ihre Wünsche und Begehren respektieren und sich anhand der Zugeständnisse als Erstplatzierter ansehen.

Klassische Fehlschritte einer Beziehung

Zu Beginn sieht eine neue Partnerschaft oftmals vielversprechend aus. Gerade die minimalen Unannehmlichkeiten des neuen Lebensgefährten lassen diesen meist noch ansprechender wirken. Der Tatsache, dass sich insbesondere kleine Macken hinterher zu alltäglichen, unangenehmen und echten Beziehungskillern entwickeln können, ist sich der rationale Verstand durchaus bewusst. Frisch verliebte Augen schauen jedoch oftmals an dieser Tatsache vorbei.

Ziel einer erfolgreichen Paartherapie ist es, Verhaltensweisen zu erkennen, welche sich augenscheinlich aus dem Nichts in die Partnerschaft eingeschlichen haben und jetzt das gemeinsame Glück beeinträchtigen. Betrachtet man dieses Verhalten näher, so haben jene Beziehungskiller jedoch in der Regel schon eine langwierige Historie und wurden bislang einzig und allein verdrängt, heruntergespielt und totgeschwiegen. Werden diese tief verankerten

Problematiken erkannt, so ist es generell möglich, den Ursprung zu analysieren. Das für die Beziehung schädliche Verhalten zu erklären oder gar zu begründen ist ein enorm wichtiger Schritt. In der Regel sind jetzt exzellentes Hinhören und die Bereitwilligkeit zur Selbstreflexion essenziell! Etliche herkömmliche Beziehungskiller lassen sich bereits durch eine erhöhte Wachsamkeit und vorteilhafterer Kommunikation aus dem Weg räumen, sodass diese der vereinten Zukunft keinesfalls mehr im Wege stehen. Um künftig miteinander Optionen für einen Neuanfang innerhalb der Bindung zu finden, ist Teamwork gefragt. Hierfür müssen beide Partner ihren Anteil beitragen. Nahezu nie liegt die Schuld nur auf einer Seite. Darüber hinaus tragen Schuldzuweisungen wenig zu einer konstruktiven und nachhaltigen Problemlösung bei. Ein Satz, den Sie in diesem Ratgeber bereits so oft gelesen haben, dass sich dieser sicherlich bereits unterbewusst eingeprägt hat.

Bei den folgenden Punkten handelt es sich keineswegs um eine Art Rangfolge. Des Weiteren kann jedes einzelne Problem für sich bereits der Grund für eine Trennung sein. Wesentlich sind stets die Charaktereigenschaften, sowie die Ausprägung des jeweiligen Problems.

1. Mangelnde Loyalität

Eine Partnerschaft einzugehen ist immer ein Bekenntnis. Sie bedarf bedingungsloses Vertrauen  dem Partner gegenüber. Beide wünschen, die erste und beste Option zu sein. Loyalität und Solidarität sollten keinesfalls ausschließlich in Zweisamkeit geteilt werden. Es ist von immenser Bedeutung, dass diese Werte nach außen gezeigt werden. Sollte des Öfteren in Abwesenheit des Partners über diesen gespottet werden, so wird das Vertrauensverhältnis missbraucht und die Beziehung einer großen Gefahr ausgesetzt.

2. Fehlendes Engagement

Eine Partnerschaft erfordert Engagement. Hierzu zählt beispielsweise der Anruf, sofern eine Verspätung eintritt, gleichwohl das Befolgen von Absprachen und ein gemeinsames Besprechen von bedeutsamen Entscheidungen mit dem Partner. Hierbei ist es von großer Bedeutung, dass die Zukunftspläne zumindest in eine ähnliche Richtung verlaufen sollten. Sofern einer von Hochzeitsplänen schwärmt, während der andere noch nicht einmal bereit für das Zusammenziehen ist, wird das Engagement sehr ungleich ausfallen und die Beziehung leiden.

3. Mangelnder Humor

Vereintes Lachen - über sich selbst und darüber hinaus in beunruhigenden Situationen. Dabei sollten stets  auch die lustigen Faktoren wahrgenommen werden. Ständige Ernsthaftigkeit ist anstrengend und oftmals unangebracht. Humor senkt den Pegel an Stress, steigert die Innovationskraft und ermöglicht eine immense Bindung zwischen den Lebenspartnern. Gemeinsamer Humor sollte folglich instandgehalten werden und an der Tagesordnung liegen. Humor lockert das Gespräch und ist gut für die Zuneigung – in guten wie in schlechten Zeiten.

4. Respektlosigkeit

Respektlos ist Auftreten, das den Lebensgefährten herabsetzt und ihm ein Gefühl übermittelt, einen geringen Wert zu haben. Respektloses Verhalten kann sich in vielerlei Hinsicht äußern: Beginnend mit regelmäßigem Außenvorlassen alltäglicher Bedürfnisse und Aussagen anhand unhöflicher Antworten, häufige Abwesenheit, bis hin zur Achtlosigkeit den Gefühlen des Partners gegenüber.

5. Fehlende Anerkennung

Lebensgefährten sollten gewiss nicht nur zu schätzen wissen, welche Vorteile sie aneinander haben. Ein  aktives Zutun ist Grundvoraussetzung. Introvertierte und weniger wortgewandte Menschen vergessen häufig, deren Überlegungen und Emotionen Ausdruck zu verleihen. Oftmals haben sie Angst davor, mit der Wahl ihrer Worte dem Gegenüber etwas Falsches zu vermitteln. In diesem Zusammenhang kann Stillschweigen allerdings zu viel mehr Verunsicherung führen, als ein suboptimal vorgebrachtes Kompliment. Insbesondere Frauen leiden oftmals unter der Kommunikationslosigkeit des Partners, wenngleich Männer an diesem Punkt eher die Betriebsblindheit präferieren und beispielsweise der Auffassung sind, nicht zu meckern sei genug gelobt. Eine fatale, falsche Einschätzung.

6. Überzogene Nähe und Unsicherheit

Eine Bezlehung soll Absicherung und Schutz bieten, jedoch keinesfalls einengen. Wer sich am Partner festklammert, andauernd unter Verlustängsten leidet oder seine eifersüchtige Art unter keinen Umständen geregelt bekommt, bedroht im Zuge dessen die Zuneigung und beeinflusst den Lebensgefährten und

die Beziehung negativ. Mangelndes Selbstvertrauen und ein negatives Selbstbild sind meist Quelle und Auswirkung zugleich. Am Selbstbewusstsein lässt sich jedoch gut arbeiten; vielen wird erst während einer Partnertherapie deutlich, dass sie sich und dem Lebensgefährten bisher immens geschadet haben. Im Jahre 2020 setzte die COVID-19 Pandemie Beziehungen durch verordnete Maßnahmen, wie etwa einer Ausgangssperre, vor kaum gekannte Herausforderungen.

7. Rückzug

Beziehung ohne Innigkeit ist unvorstellbar. Falls inmitten des vertrauten Lebensraums abrupt

Distanzierung auftritt und schier unüberwindlich erscheinen mag, stellt dies ein alarmierendes Zeichen dar. Unbeantwortete Fragen, verschlossene Türen, Entscheidungsfindungen im Alleingang - Gesprächsverweigerung und ungewohntes Verhalten kreieren eine Stimmung von Zweifel, Separierung und Angst. Hier sollte zunächst geklärt werden, welche Ursachen der

Rückzug hat. Erst dann kann eine gemeinsame Lösung ausgearbeitet werden.

8. Sexuelle Probleme

Insbesondere in langjährigen Partnerschaften sind Höhen und Tiefen im Sexualleben vollkommen normal.

Brisant wird es jedoch, sofern sich einer der Partner vernachlässigt fühlt. Ein derartiges Verhalten könnte sowohl physische, als auch seelische Ursachen haben. Auf diese Weise können beruflicher, sowie familiärer Stress, die Wechseljahre, sowie unerfüllte sexuelle Vorstellungen die Lust ersticken. Ab und an reichen schon bessere Alltagsorganisation oder eine gemeinsame Ruhephase, um die Leidenschaft neu zu erwecken. Ist das Problem tiefer verwurzelt, so können Unterhaltungen mit einem Psychologen oder Sextherapeuten bei der Überwindung helfen.

9. Gewalt

Gewalt muss keineswegs von beiden als solche empfunden werden, um den Tatbestand der Verletzung herbeizuführen. Es ist bereits ausreichend, sofern einer der beiden Partner sich rabiat behandelt fühlt. Es existieren Paare, jene sich im Zuge eines Streits ohrfeigen und am selben Abend bereits darüber

lachen. Für andere wäre bereits die erhobene Hand ein
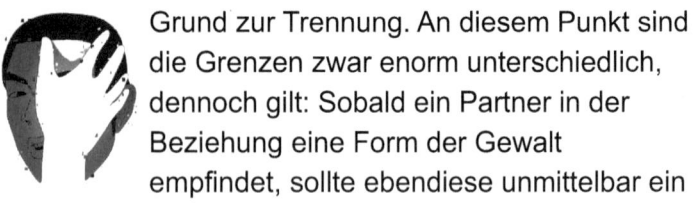 Grund zur Trennung. An diesem Punkt sind
die Grenzen zwar enorm unterschiedlich,
dennoch gilt: Sobald ein Partner in der
Beziehung eine Form der Gewalt
empfindet, sollte ebendiese unmittelbar ein
Ende finden, da sonst eine gemeinsame, glückliche
Zukunft keineswegs möglich ist.

10. Unterschiedliche Zukunftspläne

Nicht jedes Paar ist sich zu Anbeginn der Partnerschaft
bereits darüber im Klaren, wohin die gemeinsame
Reise führen soll. Häufig zeigt sich erst im späteren
Verlauf der Beziehung, welche langfristigen Pläne
geschmiedet werden und ob die Wünsche beider
Lebensgefährten sich dabei unter einen Hut bringen
lassen. Eine gemeinsame Lebensplanung ist kein
starres Gebilde. Vielmehr könnte man sie als einen
dynamischen Vorgang bezeichnen. Allerdings sollte
zumindest bezüglich der Grundeinstellung Einigkeit
bestehen. Faule Kompromisse bei essenziellen
Themen wie Kinderwunsch, Familienplanung, Wohnort,
sowie beruflicher Werdegang zögern wichtige
Entscheidungen hinaus, lassen tiefe Begehren
unbefriedigt und können auf diese Weise zu späterem
Unfrieden führen.

"Liebe besitzt nicht, noch lässt sie sich besitzen."

-Khalil Gibran-

love

Korrektes Streiten

In verschiedensten Ratgebern und Auffassungen zur Konfliktbewältigung ist häufig vom "sanften Streiten" die Rede: Aktiv zuhören, den Partner ausreden lassen, konstruktive Botschaften aus der Egoperspektive senden und ständig sachlich bleiben. Jener vorbildliche Mustervorgang der Streitkultur ist hingegen in einer realistischen Konfliktsituation schlichtweg nicht immer möglich. Kontroverse Auseinandersetzungen zwischen Liebenden sind normal. Ebenso normal ist es, dass Personen unterdessen von der sachlichen Ebene hin zur emotionalen wechseln. Solange auf jede akute Auseinandersetzung eine komplette Aussöhnung folgt und die Streitigkeiten weder langwierig werden, noch unlösbar sind, kann jegliche Meinungsverschiedenheit und jede Konfliktstrategie als konstruktiv evaluiert werden. Unausgetragene beziehungsweise weiter andauernde Konflikte können die Liebe hingegen so stark belasten, dass die Beziehung dadurch zerbricht.

Es ist von enormer Bedeutung, dass Paare eine gemeinsame Streitkultur entwickeln.

Sofern Paare keinesfalls konstruktiv im Streit liegen können, ist es vorteilhaft, sich mit der wesentlichen und objektiven emotionalen Relevanz von Beziehungskonflikten und dem individuellen Rollenverhalten auseinanderzusetzen.

Generell sollten folgende Prinzipien berücksichtigt werden:

- ➤ Streit ist normal und erlaubt. Er ist kein Infragestellen der Person an sich oder der Zuneigung.
- ➤ Im Streit liegen ist kein Wettstreit und gewiss kein Krieg. Es existieren weder Sieg, noch Niederlage.
- ➤ Im Streit sind Pausen ebenfalls erlaubt. Sie sind behilflich beim Reflektieren und Rückbau von anhaltendem Zorn. Zudem sind sie ab und an zur Erholung nötig.
- ➤ Die Meinungsverschiedenheit darf keineswegs eskalieren. Das Verhalten während des Streits muss stets respektvoll bleiben.
- ➤ Gewalt ist selbstverständlich tabu!

Sollte sich ein Streitgespräch festfahren, ist die Kreativität der Involvierten gefragt: Offenbar wurde die passende Lösung nicht aufgefunden - neue Vorschläge sollten her. Die Floskel unter Handwerkern „An den Kanten zeigt sich der Meister" gilt ebenfalls für Liebesbeziehungen. Die antike Göttin Eris warf als Allererste den Zankapfel, jener seitdem zwischen den

Menschen hin- und herfliegt und generell neu definiert werden kann. Eris ist die Göttin des Disputs. Daher wird die Fertigkeit des Streitens in der Philosophie und Rhetorik als Eristik bezeichnet.

Ehepaare und verliebte Personen im Allgemeinen streiten allerdings selten nach Ablaufplan. Themengebiete sind hierbei meist Probleme des täglichen Lebens und des alltäglichen Zusammenseins. In solchen Momenten nehmen oftmals Kleinigkeiten, aufgrund derer sich das Paar nicht einigen kann, einen inadäquat großen Raum ein. Der berühmte nicht aufgeräumte Teller, auf der Couch verteilte T-Shirts und ein nicht erledigter Abwasch werden schnell zu unverhältnismäßigen Szenarien aufgeplustert. Grundsätzliche Streitthemen in Ehen und festen Partnerschaften sind abweichende Ansichten zu Sex und Treue, Erziehung der Kinder, Freunde und Angehörige, Freizeit- und Urlaubsgestaltung, sowie Finanz- und Zukunftsplanung. In welchem Ausmaß und auf welche Weise gestritten wird, hängt zum einen von den besonderen Gewohnheiten und Streitstrategien der beiden Partner ab.

Bevorzugt werden selbstverständlich Streitstrategien, die mit dem Naturell übereinstimmen und sich in der Vergangenheit bewährt haben. Anspruchsvoll wird es, wenn zwei Menschen aufeinandertreffen, deren Verhalten während des Konfliktes keineswegs harmoniert. Eine derartige Konstellation stellt alte

Gewohnheiten infrage und zwingt im besten Fall alle Beteiligten zum Umdenken.

Dringend recht haben und Anspruch bewahren zu müssen ist gewiss keine zum Ziel führende Strategie. In aller Regel handelt es sich keineswegs um die Situation als solche, sondern um die Art und Weise.  Chronische Besserwisser sind häufig unselbstbewusst und befürchten bloßgestellt zu werden. Sie empfinden gesprochenes schnell als persönlichen Angriff und reagieren hierauf mit Gegenangriff beziehungsweise gekonnt eingesetzten Defensivhandlungen. Im Zusammenhang mit der Streitkultur sollten sie erlernen, dass der Lebensgefährte selbst in Auseinandersetzungen keineswegs "der Feind" ist. Immerhin bedeutet Vertrauen ebenfalls Schwäche zu präsentieren. Die Verständigung muss adäquat sein und zu einem Ergebnis hinarbeiten. Ist dies nicht der Fall, kann das Paar anhand kritischer Selbstreflexion und Übung erlernen, klare Signale zu senden und die Zeichen des jeweils anderen besser zu erkennen und Verständnis zu erbringen.

Demonstratives Nachgeben, sich zurückziehen, Schweigen, den Beleidigten spielen: Solch abwehrende Strategien des Streitens sind auf Dauer alles andere als hilfreich. Der andere gewinnt den Anschein, sein Partner sei weder an ihm, noch an der momentanen Auseinandersetzung erwartungsvoll interessiert. Im schlimmsten Fall ist er mit der nicht gelösten Kontroverse allein, steckt inmitten eines unguten Gefühls und ist sich nicht einmal darüber im Klaren, wieso. Wer rasch überzogen reagiert und anstelle der Meinungsverschiedenheit lieber den Schritt zurück aussucht, beeinträchtigt die Beziehung und auch die eigene Entwicklung gleichermaßen. Eindeutige Bedürfnisse, die nicht offen und ehrlich vorgebracht werden, stehen keinesfalls zur Debatte und können kein Gehör finden. Der Seelenfrieden des Rückzugs ist oftmals von kurzer Dauer. Schließlich sollte sich kein Mensch dauerhaft im Rückzug befinden. Angst vor harten Auseinandersetzungen, übermäßige Vorsicht und die Tendenz zum Selbstschutz lassen sich schwer abtrainieren. Das Aufzeigen typischer Verhaltensmuster und ein wenig Kommunikationstraining können jedoch helfen, neue Konfliktstrategien zu erlernen.

Personen, jene beim Streiten heftig und auch mal ein zu hohes Maß an Gefühl zeigen, dürfte folgende Erkenntnis erfreuen: Es ist grundsätzlich vorteilhaft, Ärger, Traurigkeit, wie auch Furcht herauszulassen, anstatt diese "herunterzuschlucken". Hierdurch kann dem Ansammeln dieser negativen Emotionen aktiv entgegengewirkt werden. Gefühlsstau kann auf Länge in Herz- und Kreislaufproblemen, dem Gefühl der Verspanntheit, Schlafproblemen und sonstigen nervösen Beschwerden münden. Tränen vergießen und Schreien stellen eine Form psychischer Instandhaltung dar. Nach der frustabbauenden

Entladung gelingt das vernünftige Denken bedeutend leichter. Wie viel Drama legitim ist, hängt maßgeblich von den Nerven des Lebensgefährten ab.

Die Bereitschaft, sich auf Kompromisse einzulassen, ist Bestandteil jeglicher gesunden Streitkultur. Von festgefahrenen Prinzipien und Glauben als Streitpunkt sollten Paare allerdings dringlichst absehen. Darüber hinaus sollten die Grenzen der Kompromissbereitschaft klargestellt sein und deutlich ins Auge gefasst werden. Für fast jede Situation existiert die passende Lösung. Sollte der eine vom Segeln träumen, während der andere Furcht vor tiefen Gewässern verspürt, so könnten beide miteinander am Ufer spazieren gehen und den Anblick genießen. Eine weitere Option wäre es, wenn der eine zum Ozean hinausfährt, während der andere sich einen schönen Tag in der Stadt und am Strand macht. Lässt ein Kompromiss in der Realität beide Partner auf Dauer unzufrieden, so ergibt sich die Frage, ob dieser vonnöten ist. Handelt es sich um die Erfüllung eines Wunsches oder gar eines Traumes, den der Partner in keiner Weise teilt, muss die Liebe noch lange nicht hierunter leiden. In einer stabilen Beziehung ist stets genug Raum für eine Selbstentfaltung und die Selbstverwirklichung. Sich Vorstellungen zu erfüllen und einander etwas zu gönnen, beugt in jeder Partnerschaft Ärger und Monotonie vor. Und sogar ein Tag, der in keiner Weise gemeinsam erlebt wurde, bewirkt neue gemeinsame Geschichten.

Soziale Netzwerke - eine Beziehungsbelastung?!

acebook, Instagram, TikTok und viele Weitere; das Leben ist ohne die sozialen Netzwerke dieser Tage kaum erdenklich und zunehmend Thema in Paartherapien. Mit wenigen Mausklicks lassen sich neue Freunde und alte Bekannte finden und das selbst aus Grundschulzeiten. Social Media hat jedoch auch seine dunklen Seiten, wie aus einer Befragung durch die „Welt am Sonntag" aus dem Jahre 2011 hervorgeht. Die heimliche Partnersuche nimmt, laut Welt am Sonntag, bei fast jeder fünften ehelichen Trennung im deutschsprachigen Bereich eine immense Rolle ein. Unabhängig davon, ob es sich um eine virtuelle Affäre beziehungsweise einen innigen Annäherungsversuch mit einer / einem schönen Unbekannten handelt: Digital festgehaltene Fehlentscheidungen eines Partners, welcher soziale Plattformen hierzu verwendet, werden vor dem Strafgericht bei Streitigkeiten rund um Themenbereiche wie beispielsweise Unterhalt und Sorgerecht eine tragende Rolle spielen. Wenngleich im Familien und Eherecht das Zerrüttungsprinzip und keineswegs das

Verschuldensprinzip gilt, ist die Abweisung eines Unterhaltsanspruchs aufgrund von "Fehltritten" in der Ehe öfters Gegenstand von Gerichtsentscheidungen gewesen, bei jenen ein Anspruch auf Unterhalt aus Ursachen der Billigkeit nicht ausreichend waren.

Wie aus Erhebungen der US - Verbände für Anwälte und deutscher Detekteien zu entnehmen ist, sind  weniger als 38 Prozent der Personen, jene in Social Media auf der Suche nach einer heißen Affäre Ausschau halten, bereits vergeben. Die Beweiserhebung im digitalen Bereich spielt auch bei der Überführung untreuer Lebensgefährten eine entscheidende Funktion. Beim neuartigen Rosenkrieg sollen außerdem sporadisch Psychologen und Rechtsanwälte bewusst Verfahrensweisen des Bundesnachrichtendienstes, etwa die Nutzung von Trojaner-Software beziehungsweise GPS-Tracking verwendet haben, um untreue Partner zu demaskieren. Immer mehr Paare sind sich offenbar nicht darüber im Klaren, ob sich nicht unter Umständen noch "etwas Besseres" findet. Anders lässt sich das Verlangen nach Fremdflirten mittels Facebook und Co kaum erläutern. Viele Menschen unterliegen dem Reiz, den individuellen "Marktwert" zu überprüfen, natürlich ohne das Wissen des Partners. Die Hemmschwelle hierfür ist dank Social Media so niedrig wie nie zuvor. Bereits mit wenigen Mausklicks öffnet sich die virtuelle Erde, in der es keine Tabus zu geben scheint. Psychologen schauen jener Entwicklung mit Sorge entgegen. Häufig geht es hierbei um sogenannte „Flatrate-Flirts", die durch Facebook und Co zur empfundenen Wahrheit werden. Angesichts der komfortablen technologischen Optionen war die Versuchung jedenfalls noch nie so groß wie heute, eine Affäre anzubandeln. Freilich setzt ein kleiner Flirt zwischenzeitlich Glücksgefühle frei und stärkt das Selbstbewusstsein.

Häufig überfordern Personen mit solchen digitalen Liebeleien, jene sich in einer Beziehung befinden, durchaus nicht nur die eigene Partnerschaft. Durch soziale Plattformen ist der Bereich der bloßen Fantasie verlassen und es stellt sich heraus, dass man von der Umsetzung der eigenen Fantasien geradezu überrollt wird. Ebendiese Fantasien beziehen sich beispielsweise auf „Sex zu Dritt" oder gar „Sex mit einem Unbekannten". Um selbige Tagträume ausleben zu können, genügt mittlerweile bereits ein kurzer Blick ins Internet. Häufig stellt sich heraus, dass einer beziehungsweise ebenfalls beide Partner der realen Umsetzung der Fantasien psychisch keinesfalls standhalten können. Entsprechend warnen zahlreiche Psychologen, dass ein tatsächliches Ausleben jener Fantasien letztlich bis zum totalen Zusammenbruch der Beziehung münden kann.

Social Media ist sicherlich eine hervorragende Gelegenheit, um neue und alte Bekannte finden zu können. Man sollte sich jedoch der moralischen Grenze bewusst sein, sofern man sich in einer

Beziehung befindet. Derartige Grenzen gilt es nicht nur lediglich aus Respekt dem Lebensgefährten gegenüber einzuhalten, sondern auch um den eigenen Prinzipien treu zu bleiben und sich selbst nicht negativem Stress auszusetzen. Bekanntermaßen haben Lügen kurze Beine. Beim Fremdflirten auf sozialen Plattformen verhält es sich keinesfalls anders. Empfehlenswert ist es, sofern beide Partner aufgeschlossen sind, die individuellen Schranken zu kommunizieren. Was für den einen ein harmloser Annäherungsversuch ist, könnte für den zweiten bereits die Vorstufe zum Ehebruch sein. Angesichts dessen sollten die Lebenspartner Facebook und Co mit Bedacht anwenden und allzu heftigen und verlockenden Liebäugeleien widerstehen. Jeder in der Beziehung sollte sich diesbezüglich im Klaren sein, zu welchen Kompromissen er bereit ist und mit dem Lebensgefährten eine Vereinbarung treffen. Sicherlich ist es keine zufriedenstellende Option, dem Partner, wie auch sich selbst, die Verwendung des Internets zu verbieten. Abgesehen von der Tatsache, dass niemand sich anmaßen sollte, einer anderen Person etwas zu verbieten. Paare sollten sich vielmehr Gedanken darüber machen, ob sie ihre kostbare Zeit, die sie auf besagten Plattformen verweilen, nicht lieber für gemeinschaftliche Aktivitäten nutzen möchten.

Trennung auf Zeit

D as Bedürfnis, sich vorübergehend zu trennen, kann vielerlei Beweggründe haben: andauernde Auseinandersetzungen, etliche ungelöste Kontroversen, Gewaltszenarien, Betäubungsmittel, wie auch Untreue. Letztlich stellen genannte Szenarien in den allermeisten Fällen Sachverhalte dar, aufgrund derer sich viele Paare endgültig voneinander trennen. Das Sehnen nach einer zeitlich begrenzten Trennung ist insgeheim meist ein Trennungswunsch – dieses Umstandes sollten sich die Personen in dieser Situation bewusst sein. Die wichtigste Frage vor einer solchen Wahl ist demnach, inwiefern beide Partner in der temporären Trennungsphase eine neue Gelegenheit für ihre Partnerschaft sehen. Besteht neben den Erwartungen an die Zeit ohne den Lebensgefährten sogar eine reelle Hoffnung, danach die Beziehung wiederkehrend aufleben zu lassen und zufriedener als bislang weiterzuführen? Zieht das Liebespaar eine Paartherapie beziehungsweise therapeutische Beratung während der Zeit der Trennung in Betracht? Erstreben beide Seiten, sich mit vorangegangenen Fehlentscheidungen und zukünftigen Varianten der

Partnerschaft zu beschäftigen, um hierauf miteinander etwas Neues aufzubauen? Oder mangelt es schlicht und ergreifend am Mut, einen finalen Schlussstrich zu ziehen? In den seltensten Fällen ist der Wunsch nach einer zwischenzeitlichen Trennung ein Übereinkommen: Ein Partner ersehnt die Trennung, während der anderweitige dies keineswegs wünscht. Das ist generell eine negative Voraussetzung für die spätere Wiedervereinigung. Häufig rechnet lediglich eine Person mit einer späteren Wiedervereinigung, unterdessen sich der andere erhofft, einen einfachen Ausweg aus der ungewollten Beziehung zu finden.

 Das könnte rein egoistische Ursachen haben, wird allerdings zuweilen sogar als Rücksichtnahme auf die Emotionalität des Partners verstanden. Bedauerlicherweise ist dies in den allermeisten Fällen ein Trugschluss. So etwas wie ein Abschied auf Raten existiert nicht! Man könnte es eher einen Abschied unter falschen Voraussetzungen nennen. Dieser hingegen wird schlussendlich für beide belastender sein, da er für keinen von beiden zufriedenstellend ist. Fälliges unnötig hinauszögern, die Wahrheit verheimlichen und letztlich im Ungewissen verharren sind die einzigen "Ergebnisse", welche aus diesem falschen Verhalten resultieren. „Lieber ein Ende mit Schrecken, als ein Schrecken ohne Ende", wie bereits ein altes Sprichwort besagt – und es entspricht absolut der Wahrheit!

Ein verbreitetes, nennen wir es einmal "Arrangement" ist ein letztes Austoben vor der Ehe. Das ist eine vergleichbar schlechte Idee wie die Trennung auf Zeit, ein Freifahrtschein für einen Seitensprung, wie auch zeitlich begrenzte Aufhebung einer Ehe während der Tage des Faschings, wie sie zuweilen in Köln und ähnlichen Faschingshochgebieten durchgeführt wird. Selbst an diesem Punkt geht das Bedürfnis fast nie von beiden Personen in dieser Situation aus. Üblicherweise wäre das über die Stränge schlagen sogar ohne ebendiese Formalie möglich.

Hegt ein Lebensgefährte den Wunsch nach weiteren erotischen Verhältnissen beziehungsweise Liebesbeziehungen, ohne die vorhandene Partnerschaft aufgeben zu gedenken, sollten vielmehr die Ursachen hierfür aufgeklärt werden. Häufig liegt dem ein Gefühl der Langeweile und Unzufriedenheit zugrunde. Möglich sind selbst unausgesprochene, unbefriedigte Begehren und Bedürfnisse beziehungsweise ein auffällig starkes Gefühlsgefälle zwischen beiden Personen in dieser Situation. Eifer und Aufrichtigkeit beider Parteien sind bei den Unterhaltungen eine Frage der Ehre und Grundlage jedes förderlichen Konzepts. Das Prinzip "Sichern und weiter Ausschau halten" ist lügnerisch, ungerecht und demütigend, führt selten zu permanentem Glück und steht darüber hinaus der Persönlichkeitsentwicklung im Wege.

Trennung auf Zeit, um die Hingabe neu zu entfachen, könnte unter den richtigen Voraussetzungen funktionieren – muss es jedoch keinesfalls. Der Anmut des Unbekannten und der Reiz des Neuen lassen sich gleichermaßen wenig zurückbringen, wie die Jahre als Kind, da es nicht realisierbar ist, bereits Erlebtes zu wiederholen. Geschehenes ist bereits durchlebt - und dies ist auch vollkommen in Ordnung. Immerhin ist es auch künftig möglich, dass ein Partner abermals wahrnimmt, welch immense Bereicherung er am jeweils Anderen hat. Zum Beibehalten der Hingabe beziehungsweise zum erneuten Entflammen des Feuers ist Verständigung erforderlich. Oft genügt es, wenn beide Partner abermals erlernen, miteinander zu reden und ihre Vorstellungen auszudrücken.

Sollte Drogenmissbrauch oder gar Gewalt das Leben miteinander belasten, könnte die Trennung auf Zeit eine wahrhaftige Chance sein. Bei Alkoholismus, Spiel- oder Drogensucht könnte der Süchtige die Trennungszeit für eine Entziehungskur und Therapie nutzen. Der mittelbar betroffene Lebensgefährte könnte sich erholen, eine mentale und äußere Bestandsaufnahme machen und sich eine Zeit lang auf seine eigenen Sehnsüchte fokussieren, um neue Kräfte zu sammeln. Die individuellen Bedürfnisse zu erkennen, zu formulieren und selbst durchzusetzen sollte durch stetige Anwendung neu angeeignet werden. Naturgemäß ist sogar bei dieser Gestaltung der zeitlich begrenzten Trennung elementar, dass beide es ernsthaft in Betracht ziehen, unter anderen, besseren Voraussetzungen wieder zusammenzufinden. Wer verspricht, sich zu ändern, muss dementsprechende Schritte in die Wege leiten und hart an sich arbeiten, um hinterher Triumphe unter Beweis stellen können. In derartigen Situationen gingen der Trennung auf Zeit überwiegend bereits zahlreiche Versprechungen und folgenlose Beteuerungen voraus, sodass sie als letzter Ausweg Anwendung findet. Absprachen und Vereinbarungen, an jene sich beide halten, geben der zwischenzeitlichen Trennung einen deutlichen Rahmen. Sie bestärken das Bedürfnis beider Partner nach einer erneuten Vereinigung, bewahren vor nicht bedachten Handlungen und vereinfachen die selbstgewählten Aufgaben. Paare mit gemeinsamen Kindern sind mehr oder weniger "gezwungen" auch während der Trennungszeit etwas Kontakt zum (noch) Partner zu halten. Kinderlosen Paaren wird dringend empfohlen, sich während des besprochenen Zeitrahmens komplett zu distanzieren.

"Wessen Herz
mit Liebe erfüllt
ist, der ist stets
ein Gebender."

-Augustinus-

Seitensprung - ein definitives Aus?

E in jeder Bruch des Vertrauens stellt die Beziehung auf eine harte Probe. Der Seitensprung ist für den hintergangenen Partner eine enorm ausgiebige Form des Vertrauensmissbrauchs. Wer eine Affäre eingeht, gewährt ohne Zustimmung seines Lebensgefährten einer anderen Person Zugang zu einem privaten Bereich, der ihm nicht ausschließlich alleine gehört. Er teilt mit einer fremden Person, was er nur mit seinem Partner zu teilen versprach. Wie auch immer die Affäre entstand und welch Bedeutung ihr zugeschrieben wurde, ob es eine einmalige Sache oder gar eine längere Liebelei war: Von der anderen Seite aus betrachtet ist der Seitensprung zu vergleichen mit Hochverrat, gleichgesetzt mit dem Schänden eines Tempels. Niemand, der seinen Partner liebt, kann ihm problemlos das Fremdgehen nachsehen und weitermachen wie bislang. Auf der anderen Seite existieren kaum Alternativlösungen nach der Liaison:

Verzeihen ist im Endeffekt die alleinige Wahlmöglichkeit, abgesehen von der Trennung. Schließlich kann sich ohne das Verzeihen und einer anschließenden Versöhnung das zerrüttete Vertrauen keinesfalls erholen. Fehlt es an jeglichem Grundvertrauen, so ist eine respekt- und liebevolle Beziehung keinesfalls mehr möglich. Das Betrügen verzeihen sowohl Männer, als auch Damen dem

Partner gleichermaßen schwer, da die Gewichtung des Fehltritts in ihren Augen eine unnachgiebige Strafe benötigt. Kurz nach der Offenbarung des Lebensgefährten empfinden die meisten vor allem Demütigung, tiefgehenden Schmerz und Erbostheit durch die Liaison. Das Akzeptieren von Schuld kann essenziell sein, um seinen Gesichtspunkt aufzuzeigen, gute Absichten zu untermauern und die Bereitschaft zum Lernen zu zeigen. Die eindeutige Klarstellung der Schuldfrage nach einer Affäre ist jedoch ein höchst schwieriges, wenig vielversprechendes und vor allem keineswegs ein zukunftsweisendes Streben. Wie soll die Ergründung zu einem Ergebnis führen? Wem wäre weitergeholfen, die Ursache an irgendeinem Punkt festzusetzen? Wer möchte schon ein Monument im Garten, das fortan selbst bei bester Witterung den Himmel verdüstert und jedem neuen Gestaltungsplan im Wege stünde?

Seitensprünge geschehen keinesfalls lediglich in unglücklichen Partnerschaften, leidenschaftslosen Ehen, wie auch langer Trennungszeiten. Es spielen diverse Zufallskomponenten gemeinsam eine Rolle und kreieren eine Begebenheit, in der Vorschriften vergessen werden beziehungsweise keineswegs mehr zu gelten scheinen. Nicht selten fällt es demjenigen, der fremdgegangen ist, im Nachhinein schwer, sein Handeln zu begreifen. "Am besten wäre, es ließe sich ungeschehen machen, schließlich ist im Prinzip überhaupt nichts geschehen". So oder gleichartig klingen zahlreiche Erklärungsversuche, sind tiefernst gemeint und vollkommen ehrlich, verfehlen dennoch ihr Ziel. Niemand, der seinen Partner liebt, könnte eine heimliche Liaison unproblematisch wegstecken beziehungsweise "durchwinken".

Das Aufkommen starker Gefühle, welche für alle Beteiligten in dieser Situation eine emotionale Grenzerfahrung darstellt, ist im Allgemeinen ein gutes Anzeichen. Solange auf beiden Seiten heiß gekämpft und gelitten wird, existiert viel Hoffnung, dass letztlich die Zuneigung gewinnt. Kälte ergibt sich durch Verachtung und den oftmals zugrundeliegenden Wunsch, befreit zu sein. Sie äußert sich gern in nachlässigem Spott, mangelndem Mitgefühl, oder aber in Gleichgültigkeit und verdeutlicht, dass eine Beziehung gewiss nicht mehr tragfähig ist. Wird in der Paarberatung bezüglich Fremdgehen, Verzeihen und die Rettungschancen für eine Liebesbeziehung gesprochen, handelt es sich oftmals um verletzten

Stolz und das Gefühl der Ungerechtigkeit: Ist es etwa gerecht, dass der betrogene Partner über seinen Schatten springen soll, um die gemeinsame Zukunft zu ermöglichen, die der andere durch seine Untreue erst bedroht hat? Auf der anderen Seite kann es sich gleichermaßen unfair anfühlen, eine leichtfertig begangene Tat, die bereits tief bereut wird, den Rest des vereinten Lebens lang büßen zu müssen.

Viele Paare berichten im Rahmen der Paarberatung selbst zum allerersten Male offen tiefe, innere Verletzlichkeit, die der Partner mit seinem Treuebruch bei ihnen ausgelöst hat und mit jenen sie sich in den meisten einsamen Stunden herumgequält haben. Von Traurigkeit und Selbstzweifeln, über Existenz- und Zukunftsängste, bis hin zu brennenden Rachegelüsten, Mord- und Selbstmordphantasien reicht das Leidensspektrum. Bei solch einem intimen Gespräch ist es von enormer Bedeutung, sich ohne Angst äußern zu können, gemeinsam anhand Gesagtem nachzudenken und über Geschehenes zu sprechen. Einen Seitensprung vergeben bedeutet, ihn dem Gesamtbild der Beziehung hinzuzufügen, ohne das Bild dabei nachhaltig zu beschädigen. Es muss auch nach dieser Krise noch möglich sein, den Partner bedingungslos zu lieben. Ihn "trotzdem" weiterzulieben ist ein fauler Kompromiss, der nicht funktionieren wird. Um einen Seitensprung vergeben zu können ist es nötig, offen mögliche Beweggründe zu kommunizieren und derartige auch insbesondere dann ernstzunehmen und zu überdenken, wenn sie der individuellen

Vorstellung der Konstellation widersprechen. Seitensprünge entstehen meist aus dem Wunsch heraus, aus einer Welt auszubrechen, die als primär mühsam, eintönig, oder festgefahren wahrgenommen wird. Das Betrügen ersetzt für den untreuen Lebensgefährten, was dringend gebraucht, jedoch vom Partner zu knapp bemessen wird.

Das kann vieles sein: Wertschätzung und Bewunderung, Spontanität und Ausgelassenheit, befriedigender Sex beziehungsweise romantische Zärtlichkeiten. Oft lernen sich Lebenspartner durch eine Krise noch einmal ganz neu kennen. Um weitere Seitensprünge auszuschließen ist es essenziell, dass jeder seine individuellen Sehnsüchte und die des Partners erkennt, akzeptiert und selbst im Rahmen der Beziehung erfüllen kann.

Fremdverliebt trotz intakter Beziehung

Im Laufe unseres Lebens verspüren wir Liebe als das vermutlich intensivste und gleichzeitig schönste Gefühl. Ist bereits ein Partner gefunden, mit dem der Rest des Lebens gemeinsam verbracht werden möchte, ist dies kein Garant dafür, sich nicht neu zu verlieben. Mögen derartige Begebenheiten zunächst ausweglos erscheinen, so können Geduld und Zeit indes zur Aufklärung verhelfen. Allgemein finden Sympathien stets Wege, vom Absender an den Empfänger zu gelangen.

Selbst Personen, die auf eine lange und von Glück erfüllte Ehe zurückblicken, können sich von einem Kollegen, wie auch Freund von einem Tag auf den anderen in besonderer Art angezogen fühlen. Die Wärme des Herzens folgt keinem bestimmten Schema und keinem Zeitplan. Infolgedessen auch keiner tieferen Logik. Sie könnte spontan auftreten und gleichwohl unvermittelt verstreichen. Amors Pfeil trifft uns in den allermeisten Fällen ohne jedwede

Ankündigung und Vorbereitung. Dieser Umstand macht es allerdings so schwer, sich der neuen Begebenheit anzunehmen. Die Zuneigung könnte gleichzeitig eine enorm zerstörerische Reaktion zufolge haben.

Wichtig ist in jedem Fall, die auftretenden Signale wahrzunehmen. Unter Umständen haben sich in die bisherige Beziehung mehrere Unstimmigkeiten eingeschlichen, welche sich keinesfalls mehr ignorieren lassen. Die Regelmäßigkeit des täglichen Lebens, die Sorgen und Nöte im Beruf, die unterschiedlichen Bedürfnisse des Paares beziehungsweise ähnelnde Umstände können die Kraft der Liebe verringern. Häufig finden wir in einem neuen Flirt das, was wir an unserem derzeitigen Lebensgefährten dringlichst vermissen. So können das häufige Fernbleiben, ein grundlegendes Auseinanderleben, sowie gängige Trennungsgründe ursächlich sein. Abermals erscheint die Frage: Macht eine Wiederaufnahme der Beziehung unter den momentanen Gegebenheiten überhaupt noch Sinn?

In derart verfahrenen Augenblicken kann eine unbefangene Abschätzung der Lage behilflich sein, um die verschiedenartigen Empfindungen zu bewerten. Wer bereits den Annäherungsversuch durch die rosarote Brille betrachtet, wird dazu nur noch eingeschränkt fähig sein. Der Wortwechsel mit einem Freund beziehungsweise einer guten Freundin ist indes oft hilfreich, um jegliche Aspekte der neuen und der alten Zuneigung zu gewichten. Zudem ist es ratsam, sich jemandem anvertrauen zu können. Sowohl Freud als auch Elend dürfen keinesfalls unausgesprochen verbleiben.

Wenig adäquat wäre es dagegen, sofort mit dem bisherigen Lebensgefährten die neue Konstellation zu besprechen. Der Partner sollte erst dann eingeweiht werden, wenn der Betroffene den beginnenden Überschwang an Emotionen halbwegs kanalisiert hat. Die Konsequenz jeder eventuellen Wahl muss erkennbar sein. Einzig und allein das Abwägen selbst darf nunmehr den kommenden Schritten im Wege stehen. Wer sich hierbei partout keinesfalls inmitten der alten und der neuen Zuneigung entscheiden kann, sollte sich eine Auszeit gönnen. Ein Wochenende am Meer oder ein Kurzurlaub abseits der Heimat, der Familie, des Jobs und der Freunde sollte bereits behilflich sein, die individuellen Überlegungen zu ordnen und die unabdingbar gewordene Bewertung im Stillen vorzunehmen. Rationale und emotionale Beweggründe werden in diesem Fall das weitere Vorgehen entscheiden. Ein Weg könnte darin bestehen, die aktuelle Partnerschaft fortzusetzen. Derartige Wahl empfiehlt sich meist als die beste, sofern sich zwar kleine Mängel in der Beziehung gefestigt haben, die grundlegende Zuneigung jedoch noch vorhanden ist. Personen, die sich seit Jahren oder gar Jahrzehnten kennen und vertrauen, sollten sich durchaus nicht durch einen kleinen Flirt auseinanderbringen lassen. Können die Risse der Beziehung gekittet werden, so existiert definitiv kein Grund, ein neues Abenteuer einzugehen, diesbezüglich die Familie zu entzweien und das Geflecht aus vereinten Krediten, Freundes- und Verwandtenkreisen und dem Hausstand aufzulösen. Allerdings muss eben jener Ausweg aus der jetzigen Begebenheit mit all ihren zwischenmenschlichen Fehlern erkennbar sein. Gelingt dies nicht, werden sich künftig vermehrt Auseinandersetzungen, Meinungsverschiedenheiten und negative Emotionen einstellen.

Sollte ein Fortbestehen der Beziehung keineswegs bejaht werden können, so ist es nicht sinnvoll, an dieser weiter festzuhalten. Zu schnell würden sich das Unheil und die Nichterfüllung der eigenen Wünsche offenbaren. In diesen Fällen empfiehlt es sich, einen Schlussstrich zu ziehen und sich Neuem hinzugeben. Das könnte naturgemäß der Flirt sein, der ebendiese Urteilsfindung erst erforderlich werden ließ. Allerdings sollten selbst für diesen handfeste Beweggründe sprechen. Nicht das Aussehen alleine und der Esprit des Liebhabers werden gewichtet, sondern ebenfalls sein Naturell und das Vertrauen darin spielen nunmehr eine entscheidende Rolle. Wer beabsichtigt, sich einer neuen Liebschaft komplett hinzugeben, sollte von dieser aufgefangen werden. Am Ende sämtlicher Abwägungen muss die persönliche Positionierung stehen. Sie sollte keinesfalls zwingend auf andere Personen Rücksicht nehmen, darf allerdings im gleichen Zuge niemandem unnötige Verletzungen zufügen. Der beziehungsweise die Betroffene wird sich für einen Weg festlegen – und diesen mit jeglicher Folgeerscheinung bestreiten. Ob dieser zur bestehenden Beziehung oder zum neuen Flirt führen sollte, kann keineswegs verallgemeinernd vorherbestimmt werden. Vielmehr ist diesbezüglich im Falle eines jeden einzelnen zu schauen, welche Beweggründe für die eine, sowie für die andere Option sprechen. Sogar das Bauchgefühl sollte in die Entscheidungsfindung einbezogen werden. Letztendlich ist das Einzige, das zählt, dass alle Beteiligten sich rundum wohlfühlen können und für Ihr Naturell wertgeschätzt werden.

Einseitiger Kinderwunsch

Auf den ersten Blick scheint alles perfekt: Ihr Partner ist die absolute Liebe Ihres Lebens, Sie sind auf der gleichen Wellenlänge, Ihre Interessen ergänzen sich gut, die Familien verstehen sich, Sie haben einen gemeinsamen Freundeskreis... Ich wünschte, es gäbe nicht diese eine Thematik, welche immer wieder für Beziehungsprobleme sorgt, obwohl prinzipiell pure Harmonie herrscht - der eine Partner möchte gerne ein (eventuell ein zweites) Kind haben, während der Lebensgefährte diesen Wunsch nicht ansatzweise verspürt. Handelt es sich in dieser Konstellation um den Zusammenprall zweier unvereinbarer Lebensmodelle? Ist es demnach unvermeidlich, den Partner aufgrund dessen zu verlassen?

Letztendlich ist dies eine Entscheidung, bei der weder eine richtige, noch eine falsche Antwort pauschalisiert werden kann. In diesem Kapitel werde ich Ihnen jedoch aufzeigen, worauf Sie achten sollten, um eine Entscheidung zu treffen.

Prinzipiell besteht der erste Schritt jeder Meinungsverschiedenheit darin, die Problematik anzusprechen. Nennen Sie im wahrsten Sinne des Wortes das Kind beim Namen. Versuchen Sie, offen für die Sichtweise Ihres Partners zu sein. Das bedeutet nicht, dass Sie am Ende des Gesprächs einer Meinung sein müssen! Für einen fairen Disput ist es jedoch unabdingbar, die Meinung des anderen nicht von vornherein auszuschließen.

 Offenheit ist eine unabdingbare Grundvoraussetzung dafür, dass die Partnerschaft weiterhin zufriedenstellend ist. Abwehrreaktionen mit gängigen Einleitungen wie "Fang nicht schon wieder damit an!" sollten generell aus künftigen Gesprächen verschwinden. Es ist zweifellos ein frustrierendes, beklemmendes Gefühl, immer wieder über den einseitigen Kinderwunsch zu sprechen. Wenn Sie beziehungsweise Ihr Partner jedoch nicht einmal die Existenz des Wunsches akzeptieren, könnte es das Ende Ihrer Beziehung bedeuten. Natürlich sollte bei einer derart wichtigen Thematik nicht innerhalb eines einstündigen Gespräches eine endgültige Entscheidung eingefordert werden. Entscheidungen unter Druck zu treffen kann eine Auswahl resultieren, die eventuell im Nachhinein bereut wird. Auf der anderen Seite ist es wenig hilfreich, fünf Monate lang nicht darüber zu sprechen,

um zu sehen, ob sich eine Einstellung eventuell geändert hat. Es stellt sich hierbei die Frage, ob die Entscheidung auf diese Weise lediglich aufgeschoben wird? Des Weiteren muss natürlich auch geklärt sein, wie lange die biologischen Voraussetzungen für eine Entscheidung überhaupt noch gegeben sein werden? Ein Kind wird oftmals als "der nächste Schritt" in einer Beziehung gesehen. Schließlich sind Sie schon lange ein Paar, Sie leben zusammen und sind eventuell bereits verheiratet. Daher ist es vermeintlich an der Zeit, die Kinderplanung in Angriff zu nehmen. Oder vielleicht doch nicht? Versuchen Sie nicht nur, sich an die Vorgaben der Gesellschaft anzupassen. Achten Sie ausschließlich auf Ihre eigenen Wünsche und Vorstellungen - inklusive Verständnis für den Partner. Dieser Schritt ist meist leichter gesagt als getan. Es erfordert stets Mut, Entscheidungen zu treffen, welche sich von denen der Mehrheit unterscheiden. Sollte Ihr Partner demnach entgegen der Norm keinen Kinderwunsch verspüren, so handelt es sich hierbei höchstwahrscheinlich um eine tief verwurzelte Einstellung. Fragen Sie sich, was die Gründe für die Haltung Ihres Partners sein könnten.

- Eventuell hat Ihr Partner einfach Angst davor, als Elternteil zu versagen? Hierbei kann ein ermutigendes Gespräch wahre Wunder bewirken. Besonders Männern fällt es oftmals schwer, Schwächen zuzugeben, geschweige denn zu thematisieren.

- Sie wissen bereits, wie Sie als kinderloses Paar funktionieren. Vielleicht befürchtet Ihr Partner, dass sich die Beziehung zum Negativen hin verändert, sobald das Kind geboren wird?

Aus jahrzehntelanger Erfahrung kann ich Ihnen sagen: Ja, die Beziehung wird sich verändern. Aber "anders" bedeutet keineswegs zwangsläufig "schlechter". Sprechen Sie mit anderen Paaren, die sich für ein Kind entschieden haben! Lassen Sie sich von ihnen erzählen, wie Kinder Ihr Leben bereichern können und welcher Verantwortung Eltern nachkommen sollten. Schließlich müssen Sie das Glück Ihrer Beziehung nicht gegen das unbekannte Glück eines Kindes eintauschen.

Das sagt die Statistik

Bei einem kinderlosen Paar, dessen Kinderwunsch lediglich einseitig besteht, setzt sich in der Regel der Kinderwunsch durch. Bei Paaren, welche bereits ein Kind haben, setzt sich in der Regel der Partner durch, der kein weiteres Kind möchte. Oft hängt die Entscheidung für ein weiteres Kind auch davon ab, wie der Vater seine Rolle als Elternteil wahrnimmt. Sollte der Vater beispielsweise viel Zeit mit seiner kleinen

Liebe verbringen, so erhöht sich die Wahrscheinlichkeit, dass das Paar ein weiteres Kind bekommt.

Meistens sind es die Männer, die keine Kinder haben wollen oder keine weiteren Kinder wünschen. Es wird angenommen, dass dies mit unserer sozialen Konditionierung zusammenhängt: Die Gesellschaft bereitet Frauen bereits im Kindesalter auf die Mutterrolle vor, beispielsweise durch das Spielen mit Puppen und Kinderwagen. Der Kinderwunsch von Frauen scheint auch unabhängig von ihrem Partner zu bestehen. Männer sind hingegen meist der Auffassung, dass sie nur dann ein Kind bekommen, wenn die richtige Frau an ihrer Seite ist. Des Weiteren fühlen sich Männer oft zu jung oder zu alt für ein Baby. Frauen hingegen befürchten oft, dass ihre biologische Uhr bereits tickt. Daher äußert sich der Kinderwunsch meist bereits in den frühen Zwanzigern. Wussten Sie, dass einer der Hauptbeweggründe, weshalb Frauen sich gegen ein Kind entscheiden, die Befürchtung eines Karriereverlustes ist? Heutzutage ist es jedoch längst nicht mehr der Fall, dass Frauen zwischen Job und Kind eine Entscheidung treffen müssen. Sollten Sie sich mehr für diese Thematik interessieren, so kann ich Ihnen wärmstens das Buch "FEMINISMUS - Das Buch zur Frauenbewegung ©Beate Wagner" empfehlen.

Der einseitige Kinderwunsch ist leider eines der seltenen Themen, bei dem ein Kompromiss ausgeschlossen ist. Ein halbes Kind ist verständlicherweise keine Option. Folglich geht es bei dieser Frage um alles oder nichts. Sollte demnach ein Partner unsicher sein, so wird es vermutlich einige Gespräche benötigen, bis sich beide Partner wirklich einig sind. Lassen Sie sich Zeit und versuchen Sie nicht, etwas zu erzwingen! Die Entscheidung, ob Sie ein (weiteres) Kind bekommen wollen oder nicht, wird sich auch auf den Rest Ihres Lebens auswirken. Sollten Sie sich trotz etlicher Gespräche nicht einigen können, so liegt die Entscheidung bezüglich Ihrer gemeinsamen Zukunft bei dem Partner, der ein (weiteres) Kind haben möchte. Ist meine Liebe zu meinem Wunschkind größer als meine Liebe zu meinem Partner? Ist diese Frage mit JA zu beantworten, so ist eine Trennung meiner Meinung nach die einzige Option. Leider. Ich wünschte, dass ich an dieser Stelle eine andere Lösung anbieten könnte. Am Ende des Tages muss jede Person die Situation selbst abwägen. Es existieren durchaus Paare, bei denen aus Liebe zum Partner gänzlich auf den Kinderwunsch verzichtet wird. Meines Erachtens ist jedoch keinem geholfen, wenn ein Partner täglich leidet und keine Erfüllung verspürt.

Ich wünsche Ihnen aus tiefstem Herzen, dass Ihre Beziehung nicht durch den einseitigen Wunsch nach einem (weiteren) Kind belastet wird und Sie bald zu einer gemeinsamen Entscheidung kommen.

Stressfreie Weihnacht

Weihnachten ist das Fest der Liebe. Daher werden alle Menschen einbezogen, unabhängig von Alter, Religion oder kulturellem Hintergrund. Darüber hinaus ist Weihnachten auch mit einigen Aufgaben und Organisation in Verbindung stehend - Auswahl und Kauf von Geschenken, Planung von Familientreffen und all das bestenfalls ohne jemanden zu bevorzugen. Unterm Strich besteht die Anforderung, alle Erwartungen (auch unsere eigenen) zu erfüllen - am besten noch überragender als im letzten Jahr. Schließlich ist nicht jeden Tag Weihnachten.

Hohe Erwartungen, Angst vor Enttäuschung und die mit den Festtagen verbundenen Veränderungen der häuslichen Routine: Die Kombination aus Zeitdruck, Leistungsdruck und außergewöhnlichen Stressfaktoren schafft ein ideales Krisenklima und bringt viele Menschen bereits vor Heiligabend in Bedrängnis. Auf den ersten Blick scheint dies völlig normal und prinzipiell ist sich ein jeder darüber im Klaren, weshalb derartig negative Emotionen entstehen. Es ist jedoch wenig von Nutzen, sich der psychologischen Ursachen für Familienstreitigkeiten und Beziehungskrisen unter dem Weihnachtsbaum bewusst zu sein, wenn die meisten Menschen sie ohnehin nicht vermeiden können. Viel sinnvoller ist es, sich so zu verhalten, dass allen Beteiligten Stress erspart bleibt und Konflikte von vornherein vermieden werden können - oder zumindest so weit wie möglich begrenzt.

Aus meiner Erfahrung in der Paartherapie kenne ich die typischen Problemfelder, die mit dem Fest der Liebe einhergehen - und ich wünsche jedem verliebten Paar die Kraft, Ruhe, den Humor und die Planungskompetenz, um diese Herausforderungen

 gemeinsam zu meistern und die Schönheit von Weihnachten und den Festtagen gemeinsam genießen zu können. Die Planung und Organisation von Familienbesuchen und -ritualen ist besonders wichtig für Ehepartner und Paare, die bereits seit geraumer Zeit zusammen sind. Stress bei Familienbesuchen entsteht oft durch die Schwierigkeit, beiden Familien gleichviel Zeit zuzusprechen und alle zufriedenzustellen - den Partner, die Kinder, die eigenen Verwandten, sowie die Verwandten des Partners. Keine leichte Aufgabe. Nur die wenigsten Familien sind frei von Spannungen. Besonders schwierig ist die Situation, wenn die Anzahl an Familienmitgliedern hoch ist und die Beziehungen zwischen den einzelnen Angehörigen angespannt ist. Oftmals ist es auch der Fall, dass die Familien der

beiden Partner nicht miteinander harmonieren. Sollte demnach das anstehende Familientreffen als Pflichtveranstaltung beziehungsweise als notwendiges Übel angesehen werden, so ist es von enormer Bedeutung, sich vorher die richtigen Fragen zu stellen. Die negativen Emotionen lassen sich leider nicht gänzlich vermeiden, jedoch können nervliche Anspannung und der organisatorische Aufwand deutlich reduziert werden:

Wo soll das Treffen stattfinden?

Für viele ist das eigene Zuhause beruhigender, da die vertraute Umgebung einen Heimvorteil birgt. Andere schätzen wiederum den Komfort, nach Erfüllung der Besuchspflicht in die eigenen vier Wände zurückzukehren, ohne sich Gedanken bezüglich der Speisen, sowie den folgenden Aufräumarbeiten machen zu müssen.

Aufteilung

Müssen die obligatorischen Besuche jedes Jahr aufs Neue geplant werden, oder können sie auf einer rotierenden Basis organisiert werden? (z. B. "Am ersten Weihnachtstag besuchen wir deine Eltern, am Zweiten meine"). Wenn ein Partner mit den Eltern beziehungsweise den Verwandten des anderen Partners nicht oder nur bedingt zurechtkommt, stellt sich die Frag: Müssen beide an dem Treffen teilnehmen? In diesem Fall halte ich auch eine kleine

Notlüge für vertretbar. Im Prinzip ist jedes Treffen in Ordnung, solange alle Beteiligten herzlich Willkommen sind und ein freundliches Miteinander herrscht. Es ist ein enormer Unterschied, ob man lediglich von den unlustigen Witzen von Onkel Helmut genervt ist, oder ob böswillig Streit heraufprovoziert wird.

Prinzipiell ist Weihnachten in drei Tage aufzuteilen: Heiligabend, 1. Weihnachtstag und letztlich der 2. Weihnachtsfeiertag. Bei all dem Stress ist es sehr zu empfehlen, mindestens einen der drei Tage nur für sich und den Partner einzuplanen. Kinder natürlich inklusive, sofern vorhanden. Selbst wenn Sie die Besuche bei den Angehörigen als Belastung empfinden, so haben Sie stets einen Tag nur mit Ihren Liebsten, auf den Sie sich voll und ganz freuen können.

So vermeiden Sie gängige Konfliktpunkte

Wenn in meiner Praxis bezüglich Konflikte im Zusammenhang mit Weihnachten gesprochen wird, so fällt auf, dass Frauen und Männer wiederkehrend von sehr ähnlichen Situationen und Konfliktpunkten berichten. Insbesondere folgende Aussagen sind hierbei ausschlaggebend:

- Mein Partner wollte alles perfekt organisieren und hat mich dabei völlig vergessen.

- Wenn ich bei seiner Familie bin, fühle ich mich wie das fünfte Rad am Wagen.

- Wenn seine Familie bei uns ist, habe ich in meinem Haus nichts mehr zu sagen.

- Mein Partner und ich haben sehr unterschiedliche Ansichten bezüglich des Ablaufs an Weihnachten

Es ist von enormer Bedeutung, diese Punkte mit dem Partner zu besprechen. Sicherlich lassen sich die genannten Punkte nicht wie durch Zauberhand aufgrund eines einzigen Gespräches vermeiden. Das muss es jedoch auch gar nicht. Einer der größten Ursachen für negative Empfindungen ist die Tatsache, dass viele sich vom Partner unverstanden fühlen und keinerlei Mitgefühl beziehungsweise Verständnis für die Ansichten erhalten. Oftmals ist es dem Partner nicht einmal bekannt, welche Punkte das Unwohlsein hervorrufen. Auch wenn keine Lösung gefunden wird, so ist es eine enorme Befreiung, vom geliebten Menschen verstanden zu werden. Gleichzeitig kann der Partner in diesen Situationen künftig mehr Verständnis aufbringen. Anhand einer ehrlichen, intensiven Umarmung spürt der Lebenspartner, nicht alleine in dieser unangenehmen Situation zu sein.

Gleichzeitig ist es stets ein guter Rat, die perfektionistischen Ansprüche zurückzuschrauben. Vernunft hilft, das Streben nach Perfektion zu zügeln. Dieser Anspruch ist einer der Hauptgründe, weshalb viele Menschen die Weihnachtszeit plagt und der überwiegende Teil der Gesellschaft dies als stressig und unangenehm empfindet. Auch der Slogan "slow down" hat hier eine tiefe Bedeutung: Pausen sind gerade in der dunklen, kalten Jahreszeit wichtig, da diese sich nachweislich negativ auf die Stimmung und die Leistungsfähigkeit der meisten Menschen auswirkt.

Kleine, bewusste Pausen zwischen Arbeit und Aktivität und ausreichend lange Erholungsphasen danach tragen dazu bei, dass wir Menschen und Geschehnisse bewusster wahrnehmen. Wer sich gelegentlich Pausen gönnt, vergisst seine Prioritäten nicht. Vielmehr verringert sich hierdurch das Risiko, die eigenen Bedürfnisse oder die des Partners zu vergessen oder falsch einzuschätzen. Klare Regeln sorgen für einen besseren Ablauf der Familienfeiern. Planen Sie Ihren persönlichen Ablauf, um gemeinsam mit Ihrem Partner angemessene Regeln aufzustellen. Gleichzeitig sollte besprochen werden, wie Sie diese Regeln der Familie am besten vermitteln und welche Konsequenzen es haben könnte, sofern diese nicht eingehalten werden. Ein Beispiel:

Konflikt

Die Mutter des Lebensgefährten erscheint zu Besuch und möchte den gesamten Ablauf in eigener Regie übernehmen. Mit ihren unaufgeforderten Ratschlägen, Hilfestellungen und Umgestaltungen sorgt diese jedoch mehr für Verwirrung bei den Gastgebern. Im schlimmsten Fall treibt sie diese in den Wahnsinn.

Lösung A

Versenden Sie rechtzeitig vor den Festtagen eine elegante Karte, auf der das gesamte Programm des Abends, einschließlich des Menüs, genau beschrieben ist. Dies ist eine sehr elegante Lösung, welche sich insbesondere dann eignet, wenn der Konflikt nur einmal aufgetreten ist oder noch nie zu einem offenen Streit geführt hat. Sollte trotz dessen eine "Übernahme" eintreten, so können Sie künftig beschließen, die Feierlichkeiten in ein Restaurant zu verlegen.

Lösung B

Sprechen Sie die Schwiegermutter auf das Geschehen an. Natürlich ist hier etwas Feingefühl gefragt. Keinesfalls sollten Sie mit Anschuldigungen das Gespräch starten, da viele Personen sich hierdurch angegriffen fühlen und direkt eine Abwehrhaltung einnehmen. Sie sollten sich vor Augen führen, dass das Verhalten der Schwiegermutter lediglich aus gutem Willen und Hilfsbereitschaft herrührt. Eine hervorragende Methode ist es, aus der eigenen Perspektive zu sprechen und gleichzeitig Anerkennung zu zollen. Ein gutes Beispiel wäre "Liebe Mutter, es freut mich sehr, wie fleißig du uns hilfst. Du hast jedoch schon so viel für uns getan und es ist mir sehr wichtig, dass du heute unser Gast bist. Ich kann es nicht mit meinem Gewissen vereinbaren, dass meine Gäste sich Arbeit aufbürden, da würde ich mich als Gastgeber schämen."

Liebe braucht Zeit - nicht nur zu Weihnachten. Leider führt der scheinbar allgegenwärtige Weihnachtsstress dazu, dass sich viele Menschen zum Fest der Liebe unter Druck gesetzt fühlen. Dies hat zur Folge, dass zu wenig Zeit für den Partner bleibt. In Gesprächen mit Beziehungs- oder Ehetherapeuten wird dann oft die sehr menschliche und verständliche Ausrede genannt, man habe an die Kinder gedacht und wolle ihnen ein schönes Weihnachtsfest bereiten. Kinder sind bei weitem nicht so anspruchsvoll, wie viele Eltern der Auffassung sind. Sie brauchen keine perfekte Organisation oder einen 24-Stunden-Service, um sich wohl zu fühlen. Tatsächlich sind die meisten viel glücklicher, wenn die Feiertage ruhig verlaufen und viel Zeit und Raum zum Spielen und Faulenzen, sowie für zufällige, ungeplante Aktionen vorhanden sind.

Negative Gefühle

Der letzte Abschnitt des Buches befasst sich nicht mit Paarproblematiken an sich. Es ist wichtig zu verstehen, weshalb viele negative Emotionen eine Partnerschaft belasten können, welche per se nicht mit der Beziehung in Verbindung stehen. Das Gefühl innerer Unruhe, Stress, Depressionen und allgemeiner Antriebslosigkeit sind heutzutage fast schon eine Volkskrankheit. Nur die wenigsten Menschen können behaupten, sich vollständig wohl in Ihrem Körper zu fühlen und rundum glücklich zu sein. Der Kauf materieller Dinge mag zunächst erfreulich sein, jedoch ist dies kein wirkliches Glück. Und auch nur von kurzer Dauer.

Das Problem bei der ganzen Thematik ist, dass wir verlernt haben, bewusst zu leben und nur unseren Routinen im Automatikmodus vollziehen.
05.30 Uhr aufstehen, essen und nebenher Serien schauen, arbeiten gehen. Ruhige Momente des Tages füllen wir meist mit unnötigem herumtippen auf dem Smartphone. Laut Definition ist Gewohnheit eine "durch häufige und stete Wiederholung selbstverständlich gewordene Handlung, Haltung, Eigenheit; etwas oft nur noch mechanisch oder

unbewusst ausgeführtes". Durch ständiges Ablenken entfernen wir uns nach und nach von uns selbst, wodurch wir die Kontrolle über unser Leben abgeben. Äußere Umstände bestimmen unseren Weg, wodurch wir unser Glück abhängig vom Umfeld machen. Schicksalsschläge stellen natürlich eine Ausnahme dar. In Deutschland existiert jedoch prinzipiell kein Grund in Depressionen zu verfallen. Wir müssen weder unter Krieg, Verfolgung, noch Hunger leiden. Es liegt also einzig und allein an uns selbst. Auf rationaler Ebene geben wir meist anderen Personen die Schuld an unserem Unwohlsein. Es handelt sich jedoch meist um tief angestaute Wut und Unzufriedenheit mit sich selbst. "Ein Jeder ist für sein Leben selbst verantwortlich" wird zwar oftmals als Floskel so dahingesagt, entspricht jedoch zu 100 % der Wahrheit! Innere Unruhe entsteht nicht von einer Sekunde auf die nächste. Diese staut sich über einen längeren Zeitraum, bis eines Tages der letzte Tropfen das Fass zum Überlaufen bringt. Am besten lässt sich dies anhand eines Beispiels erklären:

Stellen Sie sich vor, Sie sitzen an Ihrem Esstisch und haben soeben zu Ende gegessen. Den schmutzigen Teller lassen Sie einfach stehen. Bei einem einzigen Teller mag dies sicherlich nicht weiter tragisch sein. Stellen Sie sich jedoch einmal vor, dass Sie über Monate auf diese Weise fortfahren. Sie sehen täglich die verschimmelten Teller, jedoch ignorieren Sie dies weiterhin. Allmählich schränkt sich der verfügbare Platz am Essenstisch ein. Ebenfalls können Sie die köstliche

Mahlzeit durch all den Schmutz nicht mehr richtig genießen. Führen Sie sich einmal den Gedanken vor Augen, dass Sie nun den Raum mit all den hunderten widerwärtigen Tellern betreten mit der Gewissheit, dass Sie alle auf einmal reinigen müssen. Sicherlich verspüren Sie Stress, sind leicht genervt und wissen gar nicht, wo Sie beginnen sollen. Bei weitem alles andere als wohlwollende Zufriedenheit, die Sie während dessen empfinden...

Dies ist jedoch exakt das Prozedere, nach welchem die meisten Menschen ihr gesamtes Leben lang verfahren; sie sammeln jeden Tag neue Erfahrungen - positive, wie negative. Die gesamten Erlebnisse samt derer Eindrücke werden einfach achtlos auf den imaginären, inneren Esstisch abgelegt. Anstatt diese Erfahrungen zu verarbeiten, stapeln sie all diese "schmutzigen Teller". Es werden täglich mehr und mehr, bis irgendwann kein Platz mehr vorhanden ist. Eigentlich ist es ganz logisch nachzuvollziehen, dass man sich bei all dem Chaos nach der Zeit überfordert fühlt.

Erwartungen machen unglücklich

Ebenjene Anforderungen sind genau der Ursprung negativer Emotionen. Auf der einen Seite gehören sie von Natur aus zu uns, auf der anderen Seite sorgen sie für reichlich Unglück in unserem Leben. Sobald wir unseren allerersten Atemzug nehmen, benötigen wir Luft, Nahrung, Wärme, wie auch Liebe. Sobald wir älter werden, kommen zusätzlich zu besagten

Grundbedürfnissen etliche komplexe Erwartungen hinzu. Wir sind der Meinung, es sei unser Recht, zufrieden zu sein.

Aber leider ist Glück durchaus nicht einforderbar. Es lohnt sich, einen Step zurückzutreten und die Welt so zu begutachten, wie sie ist. Es regnet bereits abermals in Strömen, der Omnibus hat Verspätung beziehungsweise das Nudelwasser kocht über. Der Mitarbeiter ist erkältet und die Aufgaben stapeln sich, das Neugeborene schreit, der Lebensgefährte ist schlecht gelaunt. Was es auch immer sein mag – Tag für Tag ereignen sich Geschehnisse, auf jene wir sowieso keinerlei Einfluss haben. Die Welt wird nie vollkommen sein.

Wie würde der Umstand empfunden werden, sofern dies keinen Einfluss mehr auf unser Befinden hätte? Nehmen wir an, wir hätten gewiss keine Erwartungen. Der Regen, sowie die ewigen Quängeleien würden an uns abperlen wie Wassertropfen auf einer Lotusblume. Die Welt wäre ebenso wie zuvor, jedoch wäre der Widerstand dahin, den die Erwartungen heraufbeschworen hatten. Im Zuge dessen wären wir wahrem Hochgefühl ein deutliches Stück näher. Dies bedeutet keineswegs, dass man nicht konzipieren sollte. Pünktlich am Hauptbahnhof zu erscheinen ist nach wie vor erstrebenswert. Äußerst viel Frust zu empfinden, falls der Zug davonfährt, allerdings keineswegs. Gelegentlich unterstützt es, die Erwartung von größerer Ferne aus zu begutachten. Auf der rechten Seite, wie auch auf der linken Seite an ihr vorbeizuspüren, sowie diese mental vom anderweitigen Ende des Zimmers aus zu betrachten. Manchmal ist es jedoch selbst mehr von Nutzen, mit der Achtsamkeit bewusst in ihr Zentrum zu gehen. Sie beeinträchtigt gewiss nicht. Sie darf vorhanden sein! Letztendlich ist sie ein Teil des Menschen, also ebenfalls ein Teil von uns. Es könnte allerdings behilflich sein, die Erwartung zu überprüfen. Welchen Wunsch offenbart mir diese konkret? Was steckt hinter jenen Hoffnungen? Was brauchen wir wirklich? Meistens möchten wir schlichtweg, dass es uns gut geht.

Achtsamkeit im Alltag zu erkennen, ist deutlich schwieriger. Hier existieren in der Regel absolut keine sicheren Rahmen, gewiss keine ungestörte Minute, um in sich hineinzuhorchen. Die Achtsamkeit sollte dennoch durchweg da sein. Dank dieser erkennt man einfacher, welche Begebenheiten tatsächlich um einen herum geschehen. Dabei geht es gewiss nicht darum, keinerlei Anforderungen mehr zu haben. Vielmehr sollte die Erkenntnis erlangt werden, sich keinesfalls von ihnen beeinflussen zu lassen.

Selbstverständlich benötigt dies Training. Aber wie ein altes Sprichwort schon besagt: "Es ist noch kein Meister vom Himmel gefallen." Eine Vorgehensweise möchte angeeignet, eine Haltung gepflegt werden.

Negative Glaubenssätze auflösen

Glaubenssätze sind oftmals schwer als solche zu erkennen, da wir diese Gedankenmuster schon von klein auf antrainiert bekommen. Meistens ist der Ursprung eine Kombination aus Erziehung und erlerntem. Oft werden diese Glaubenssätze so tief verinnerlicht, dass wir fälschlicherweise annehmen, sie seien ein Teil von uns. Allerdings nur solange wir nicht die Fähigkeit erlangen, diese differenziert von unserer wahren Person zu betrachten. Hierfür ist es also an erster Stelle von Bedeutung, Glaubenssätze als solche zu erkennen.

Laut der Psycholinguistik werden Glaubenssätze in prinzipiell 3 unterschiedliche Arten unterteilt:

Verknüpfung mit dem Ursprung

Jeder Mensch schlussfolgert aus dem Erlebten eine gewisse Lektion für sich selbst. Problematisch ist, dass wir oftmals gar nicht die verfügbaren Informationen des Ursprungs kennen.

Unser Gehirn befindet sich im ständigen Autovervollständigungsmodus. Insbesondere Ereignisse, welche Sie sich nicht ausreichend erklären können, werden hierdurch (vermeintlich) begründet. Hierbei handelt es sich um individuelle Glaubenssätze, welche meist nur für Sie selbst verinnerlicht werden.

Lassen Sie uns diese Situation anhand eines Beispiels näher erörtern:

Nehmen wir an, Sie fühlen sich erschöpft. Anhand folgender Aussagen werden Sie sich dies vermutlich versuchen zu erklären:

- Da ich immer so viel arbeiten muss, bin ich erschöpft
- Da ich immer so spät zu Bett gehe, bin ich erschöpft
- Da ich mich immer nur in Gebäuden aufhalte, fehlt mir Sauerstoff und Ich bin erschöpft
- Sicherlich habe ich einen Vitamin B12 mangel und bin deshalb erschöpft

Prinzipiell können alle Antworten korrekt sein. Je nachdem, welche Person Sie fragen, wird eine jeweils andere Aussage als "die einzige Wahrheit" bezeichnet werden.

Die Bedeutung

Wir Menschen sehen alle prinzipiell dasselbe. Die erhaltenen Informationen werden allerdings erst durch unser eigenes Wertesystem gefiltert, bevor wir uns Gedanken darüber machen. Unser Gehirn befindet sich im ständigen Autovervollständigungsmodus. Dies hat zur Folge, dass die Wissenslücke durch unser Gehirn automatisch mit einem Glaubenssatz gefüllt wird. Haben Sie diesen Mechanismus einmal verstanden, so erkennen Sie, dass nicht zwangsläufig jedes Ereignis die Folge Ihres Verhaltens sein muss.

Reflexion

Wie bereits in der Einleitung erwähnt, ist unsere Ausstrahlung stets eine Reflexion unseres inneren Zustandes. Infolgedessen sollten Sie sich stets vor Augen führen, dass Sie selbst oftmals den Fokus auf den falschen Glaubenssatz legen. Da wir des Öfteren in diesem Glauben so festgefahren sind, suchen wir in jeglicher Situation eine Bestätigung hierfür.
Um dem entgegenzuwirken, können Sie bewusst nach Beweisen suchen, welche diese Theorie widerlegen. Sie sind beispielsweise der Überzeugung, dass es im Leben nichts geschenkt gibt? Immerhin haben Sie

diesen Satz von klein auf immer wieder eingeprägt bekommen. Verinnerlichen Sie einmal, wann Sie zuletzt etwas ohne jegliche Gegenleistung erhalten haben:

- Mein Nachbar lässt mich auf seinem Stellplatz parken, obwohl er Miete zahlt und nichts dafür verlangt - **geschenkt!**
- Die nette Frau an der Käsetheke lässt mich ein Stück probieren, ohne mich zum Kauf zu nötigen - **geschenkt!**
- Die Frau auf dem Parkplatz hat mir ihr noch gültiges Parkticket gegeben - **geschenkt!**

Während Sie sich all die positiven Ereignisse der Vergangenheit vor Augen führen, werden Sie erkennen, wie falsch "die einzige Wahrheit" am Ende des Tages doch ist.

Fragen, die jeden falschen Glaubenssatz entlarven

Nun wissen Sie bereits, dass selbst Teile Ihrer stärksten Überzeugungen oftmals nicht im Entferntesten der Realität entsprechen. Wie aber soll man diese Fehlinformation als solche erkennen? Zumal die eigene Sichtweise oftmals durch Emotionen getäuscht wird. Trennen Sie die Spreu vom Weizen und lassen nutzlose, deprimierende Gedanken von nun an der Vergangenheit angehören. Hinterfragen Sie jeden Glaubenssatz mit den folgenden Fragen. Robert Dilts hat sie in vielen Experimenten auf der NLP University angewandt.

- In welcher Situation / Gegebenheit schränkt Sie dieser Glaubenssatz ein?
- Sind Sie sicher, dass dieser der absoluten Wahrheit entspricht?
- Warum sind Sie sich dessen so sicher?
- Hat der Glaubenssatz sich in jeder Situation und jeglicher Konstruktion bewahrheitet?
- Gibt es eine Bestätigung, einen Beweis für Ihre Annahme?
- Verhalten sich andere Personen identisch in solch einer Situation?

Durch ständiges, tiefgehendes Hinterfragen ergründen Sie das angelernte Problem bis auf das kleinste Detail. Hierdurch können Sie die Negativität an der Wurzel anpacken und für immer aus Ihrem Leben entfernen.

Fazit

D as Problem einer Beziehung kann viele verschiedene Ursachen haben. Sie sollten hierfür keinerlei Scham empfinden, da Sie keineswegs alleine sind - viele Paare durchleben ähnliche Situationen. Es zeugt sogar von großer Stärke, dass Sie mit dem Erwerb dieses Buches aktiv etwas für Ihre Beziehung tun und sich auch zum Teil unangenehmen Problematiken annehmen. Bedenken Sie stets, dass Sie aus Liebe zusammengefunden haben. Durch Verständnis, ehrlicher Aussprache und einem respektvollen Umgang lassen sich selbst größere Meinungsverschiedenheiten bewältigen. Fokussieren Sie sich zu Beginn auf das Kapitel, in jenem Sie sich am ehesten wiedererkannt haben und starten Sie noch heute den ersten Schritt zurück zum Glück.

Da wir uns oftmals lediglich auf die negativen Geschehnisse konzentrieren, habe ich an dieser Stelle einen kleinen Bonus für Sie;
Auf den nachfolgenden Seiten erwartet Sie ein Dankbarkeitstagebuch. Ziel ist es, sich jeden Abend vor der Nachtruhe 10 Minuten Zeit zu nehmen, um die positiven Ereignisse und Aufmerksamkeiten Ihres

Partners zu notieren. Durch kontinuierliche Fortsetzung wird auf diese Weise wieder mehr Wertschätzung für die Kleinigkeiten geschaffen.
Ich wünsche Ihnen und Ihrem Partner aus tiefstem Herzen das Beste für den gemeinsamen Weg.

Franziska Redner
Autorin

Eine Kleinigkeit in eigenem Interesse: die Erstellung dieses Werkes hat etliche Jahre in Anspruch genommen. Mit einer Rezension würden Sie meine Arbeit und künftige Projekte kostenlos unterstützen. Vielen Dank für Ihr Mitwirken.

Datum / /

Heute bin ich
dankbar für

....
....
....
....
....

Datum / /

Heute bin ich
dankbar für

....
....
....
....
....

Datum / /

....

....

Heute bin ich
dankbar für

....

....

....

Datum / /

....

....

....

Heute bin ich
dankbar für

....

....

Datum / /

Heute bin ich
dankbar für

· · · · · · · · · · · · · · · · · · · ·

· · · · · · · · · · · · · · · · · · · ·

· · · · · · · · · · · · · · · · · · · ·

· · · · · · · · · · · · · · · · · · · ·

· · · · · · · · · · · · · · · · · · · ·

Datum / /

· · · · · · · · · · · · · · · · · · · ·

· · · · · · · · · · · · · · · · · · · ·

· · · · · · · · · · · · · · · · · · · ·

· · · · · · · · · · · · · · · · · · · ·

· · · · · · · · · · · · · · · · · · · ·

Heute bin ich
dankbar für

Datum / /

· ·

Heute bin ich
dankbar für

· ·

· ·

· ·

· ·

Datum / /

· ·

· ·

Heute bin ich
dankbar für

· ·

· ·

· ·

Datum / /

· · · · · · · · · · · · · · · · · · · ·

· · · · · · · · · · · · · · · · · · · ·

Heute bin ich dankbar für

· · · · · · · · · · · · · · · · · · · ·

· · · · · · · · · · · · · · · · · · · ·

· · · · · · · · · · · · · · · · · · · ·

Datum / /

· · · · · · · · · · · · · · · · · · · ·

· · · · · · · · · · · · · · · · · · · ·

· · · · · · · · · · · · · · · · · · · ·

Heute bin ich dankbar für

· · · · · · · · · · · · · · · · · · · ·

· · · · · · · · · · · · · · · · · · · ·

Datum / /

Heute bin ich
dankbar für

· · · · · · · · · · · · · · · · · · · ·

· · · · · · · · · · · · · · · · · · · ·

· · · · · · · · · · · · · · · · · · · ·

· · · · · · · · · · · · · · · · · · · ·

· · · · · · · · · · · · · · · · · · · ·

Datum / /

· · · · · · · · · · · · · · · · · · · ·

· · · · · · · · · · · · · · · · · · · ·

· · · · · · · · · · · · · · · · · · · ·

· · · · · · · · · · · · · · · · · · · ·

· · · · · · · · · · · · · · · · · · · ·

Heute bin ich
dankbar für

Datum / /

Heute bin ich
dankbar für

· ·

· ·

· ·

· ·

· ·

Datum / /

· · · · · · · · · · · · · · · · · · · ·

· · · · · · · · · · · · · · · · · · · ·

· · · · · · · · · · · · · · · · · · · ·

· · · · · · · · · · · · · · · · · · · ·

· · · · · · · · · · · · · · · · · · · ·

Heute bin ich
dankbar für

Datum / /

....

....

....

....

....

Heute bin ich
dankbar für

....

Datum / /

....

....

....

....

....

Heute bin ich
dankbar für

Datum / /

· ·

Heute bin ich
dankbar für

· ·

· ·

· ·

· ·

Datum / /

· · · · · · · · · · · · · · · · · ·

· · · · · · · · · · · · · · · · · ·

Heute bin ich
dankbar für

· · · · · · · · · · · · · · · · · ·

· · · · · · · · · · · · · · · · · ·

· · · · · · · · · · · · · · · · · ·

Datum / /

Heute bin ich
dankbar für

. . . .

. . . .

. . . .

. . . .

. . . .

Datum / /

. . . .

. . . .

. . . .

. . . .

. . . .

Heute bin ich
dankbar für

Datum / /

. . . .

. . . .

Heute bin ich
dankbar für

. . . .

. . . .

. . . .

Datum / /

. . . .

. . . .

Heute bin ich
dankbar für

. . . .

. . . .

. . . .

Datum / /

Heute bin ich dankbar für

· · · · · · · · · · · · · · · · · · ·

· · · · · · · · · · · · · · · · · · ·

· · · · · · · · · · · · · · · · · · ·

· · · · · · · · · · · · · · · · · · ·

· · · · · · · · · · · · · · · · · · ·

Datum / /

Heute bin ich dankbar für

· · · · · · · · · · · · · · · · · · ·

· · · · · · · · · · · · · · · · · · ·

· · · · · · · · · · · · · · · · · · ·

· · · · · · · · · · · · · · · · · · ·

· · · · · · · · · · · · · · · · · · ·

Datum / /

· ·

· ·

Heute bin ich
dankbar für

· ·

· ·

· ·

Datum / /

· · · · · · · · · · · · · · · · · · · ·

· · · · · · · · · · · · · · · · · · · ·

Heute bin ich
dankbar für

· · · · · · · · · · · · · · · · · · · ·

· · · · · · · · · · · · · · · · · · · ·

· · · · · · · · · · · · · · · · · · · ·

Datum / /

Heute bin ich dankbar für

....

....

....

....

....

Datum / /

....

....

....

....

....

Heute bin ich
dankbar für

Datum / /

....

Heute bin ich dankbar für

....

....

....

....

Datum / /

....

....

....

....

....

Heute bin ich dankbar für

Datum / /

Heute bin ich
dankbar für

· ·

· ·

· ·

· ·

· ·

Datum / /

· · · · · · · · · · · · · · · · · · · ·

· · · · · · · · · · · · · · · · · · · ·

· · · · · · · · · · · · · · · · · · · ·

· · · · · · · · · · · · · · · · · · · ·

· · · · · · · · · · · · · · · · · · · ·

Heute bin ich
dankbar für

Heute bin ich
dankbar für

....
....
....
....
....

....
....
....
....
....

Heute bin ich
dankbar für

Datum / /

· · · · · · · · · · · · · · · · · · · ·

· · · · · · · · · · · · · · · · · · · ·

Heute bin ich
dankbar für

· · · · · · · · · · · · · · · · · · · ·

· · · · · · · · · · · · · · · · · · · ·

· · · · · · · · · · · · · · · · · · · ·

Datum / /

· · · · · · · · · · · · · · · · · · · ·

· · · · · · · · · · · · · · · · · · · ·

Heute bin ich
dankbar für

· · · · · · · · · · · · · · · · · · · ·

· · · · · · · · · · · · · · · · · · · ·

· · · · · · · · · · · · · · · · · · · ·

Datum / /

. . . .

. . . .

Heute bin ich
dankbar für

. . . .

. . . .

. . . .

Datum / /

. . . .

. . . .

Heute bin ich
dankbar für

. . . .

. . . .

. . . .

Datum / /

Heute bin ich
dankbar für

. . . .

. . . .

. . . .

. . . .

. . . .

Datum / /

. . . .

. . . .

. . . .

. . . .

. . . .

Heute bin ich
dankbar für

Datum / /

Heute bin ich
dankbar für

. . . .

. . . .

. . . .

. . . .

. . . .

Datum / /

. . . .

. . . .

. . . .

. . . .

. . . .

Heute bin ich
dankbar für

Datum / /

Heute bin ich
dankbar für

· · · · · · · · · · · · · · · · · · · ·

· · · · · · · · · · · · · · · · · · · ·

· · · · · · · · · · · · · · · · · · · ·

· · · · · · · · · · · · · · · · · · · ·

· · · · · · · · · · · · · · · · · · · ·

Datum / /

· · · · · · · · · · · · · · · · · · · ·

· · · · · · · · · · · · · · · · · · · ·

· · · · · · · · · · · · · · · · · · · ·

· · · · · · · · · · · · · · · · · · · ·

· · · · · · · · · · · · · · · · · · · ·

Heute bin ich
dankbar für

Datum / /

Heute bin ich
dankbar für

· ·

· ·

· ·

· ·

· ·

Datum / /

· ·

· ·

· ·

· ·

· ·

Heute bin ich
dankbar für

Datum / /

·····················
·····················
·····················
·····················
·····················

Heute bin ich
dankbar für

Datum / /

·····················
·····················
·····················
·····················
·····················

Heute bin ich
dankbar für

Datum / /

Heute bin ich
dankbar für

· ·

· ·

· ·

· ·

· ·

Datum / /

· · · · · · · · · · · · · · · · · · · ·

· · · · · · · · · · · · · · · · · · · ·

· · · · · · · · · · · · · · · · · · · ·

· · · · · · · · · · · · · · · · · · · ·

· · · · · · · · · · · · · · · · · · · ·

Heute bin ich
dankbar für

Datum   /   /

. . . .
. . . .
. . . .
. . . .
. . . .

Heute bin ich
dankbar für

Datum   /   /

. . . .
. . . .
. . . .
. . . .
. . . .

Heute bin ich
dankbar für

Impressum

2. Auflage

© Franziska Redner

*Kontakt: Ramon Amirinia, Emil-Schmid-Str. 11/4,
75378 Bad Liebenzell*